Clare Andrews

DAS GENIALE Airfryer KOCHBUCH

Über 70 leckere Rezepte für die Heißluftfritteuse: schnell, gesund, energiesparend

riva

Bibliografische Information der Deutschen Nationalbibliothek
Die Deutsche Nationalbibliothek verzeichnet diese Publikation in der Deutschen Nationalbibliografie. Detaillierte bibliografische Daten sind im Internet über https://dnb.de abrufbar.

Für Fragen und Anregungen
info@m-vg.de

Wichtiger Hinweis
Ausschließlich zum Zweck der besseren Lesbarkeit wurde auf eine genderspezifische Schreibweise sowie eine Mehrfachbezeichnung verzichtet. Alle personenbezogenen Bezeichnungen sind somit geschlechtsneutral zu verstehen.

7. Auflage 2025

Türkenstraße 89
80799 München
Tel.: 089 651285-0

Übersetzung: Birgit Gläser
Redaktion: Stephanie Kaiser-Dauer
Umschlaggestaltung: Pamela Machleidt
Umschlagabbildungen und Abbildungen Innenteil: Danielle Woods;
S. 25: Ingrid Balabanova/Shutterstock.com
Satz: Bernadett Linseisen (schere.style.papier), München
Druck: Balto Print UAB, Litauen
Printed in the EU

ISBN Print 978-3-7423-2561-7
ISBN E-Book (EPUB, Mobi) 978-3- 7453-2342-9

Für meine Mutter, die unglaublichste Frau, die ich kenne. Ohne dich wäre all dies nicht wahr geworden. Danke – ich liebe dich!

Inhalt

Einführung 6

Willkommen 8
Was ist ein Airfryer? 10
Vorteile des Airfryers 13
Welchen Airfryer soll ich kaufen? 18
Zubehör für den Airfryer 20
Grundfunktionen des Airfryers 26
Garzeit-Tabellen 28
Ein Wort zu den Rezepten 34

Rezepte 36

Frühstück und Brunch 39
Mittagessen und leichte Mahlzeiten 53
Hauptgerichte 85
Beilagen 131
Snacks und Appetithappen 149
Süße Versuchungen 173

Register 188
Danksagung 192

Einfüh

nrung

Willkommen

Ganz herzlichen Dank, dass Sie sich für dieses Buch entschieden haben und mich auf meiner kulinarischen Reise begleiten. Möglicherweise haben Sie Ihren Airfryer schon vor einer ganzen Weile gekauft und suchen nun nach ein paar neuen Anregungen, vielleicht besitzen Sie ihn aber auch erst seit Kurzem und wissen nicht so recht, wie Sie damit starten sollen. Wie auch immer, ich freue mich sehr darüber, dass Sie hier dabei sind. Wahrscheinlich erwägen auch viele von Ihnen die Anschaffung als Reaktion auf die ständig steigenden Lebenshaltungskosten und versuchen, eine günstigere Alternative zum Backofen zu finden. Die gute Nachricht: Sie sind hier goldrichtig. Noch besser ist die Nachricht, dass Airfryer nicht nur energiesparender als der konventionelle Backofen bzw. die normale Fritteuse sind, sondern dass das Essen auch schneller und gesünder gart. Also eine Win-win-win-Situation!

Meine eigene kulinarische Reise mit dem Airfryer begann mit dem Start der Covid-19-Lockdowns. Ich hatte schon immer eine Leidenschaft fürs Kochen und ich liebe gutes Essen, aber als mir meine wunderbare Mutter einen Airfryer schenke, hatte ich ganz ehrlich keine Ahnung, was ich darin zubereiten sollte! Ich recherchierte ein bisschen im Netz, aber alles, was ich dort an Airfryer-Gerichten fand, sah irgendwie einfach nur beige aus. Wie fast alle anderen Menschen auch liebe ich Pommes – aber gleichzeitig wollte ich einen Weg finden, mit dem Airfryer die leckeren und gesunden Mahlzeiten zu zaubern, die ich bisher regelmäßig im Backofen zubereitet habe. So begab ich mich auf eine spannende Entdeckungsreise und entschied mich, meine Erkenntnisse auf meinem Instagram-Account (@airfryeruk) zu dokumentieren. Ich zeigte, was gut funktioniert und was nicht, wie lange bestimmte Lebensmittel garen müssen, welche Zutaten gut geeignet sind und so weiter. Schon nach kurzer Zeit hatte ich viele Follower, meine Beiträge wurden gut aufgenommen und der Account wurde immer umfangreicher. Ich kenne auch die Schattenseiten von Social Media, aber eine so fantastische Community ins Leben zu rufen, war eine durch und durch positive Erfahrung für mich. Die Unterstützung und Wissbegier der Mitglieder war unglaublich. Es ist wunderbar zu wissen, dass es immer irgendjemanden gibt, den man um Rat fragen kann – ob es nun um den Airfryer oder um andere Dinge geht! Für mich ist das Ganze ein grandioses Abenteuer, das hoffentlich noch lange weitergeht.

Als ich begann, meinen Airfryer öfter einzusetzen, stellte ich schnell fest, dass meine Energiekosten sanken. Ich schalte meinen Backofen natürlich immer noch ab und zu an, nutze ihn aber in erster Linie für das Vorkochen größerer Mengen. Will ich dagegen nur eine einzige Ofenkartoffel oder Hähnchenbrust zubereiten, bleibt er kalt.

Backe ich im Ofen beispielsweise ein großes Hähnchen für die ganze Verwandtschaft, lege ich gleich ein paar Ofenkartoffeln für die folgende Woche dazu und koche oben auf der Herdplatte ein Curry oder eine Bolognese, die ich für kommende Mahlzeiten einfriere. Bereite ich dagegen eine einzelne Mahlzeit für mich und meine Familie zu, nehme ich dafür den Airfryer.

Als ich feststellte, wie positiv sich der Einsatz des Airfryers auf meine Energiekosten auswirkt, überlegte ich, wie ich noch Geld sparen und Lebensmittelabfälle reduzieren konnte. Ich kaufe nie frisches Gemüse, wenn ich im Kühlschrank noch Lebensmittel habe, die aufgebraucht werden müssen – auch wenn es nicht genau das ist, was das Rezept verlangt. In diesem Fall passe ich das Rezept an und verwerte, was ich habe. Ich rate Ihnen, das auch so zu machen – vielleicht kommt dabei sogar ein Gericht heraus, das Ihnen noch besser schmeckt! In meinen Augen ist diese Art des Kochens wirklich lohnend (umso mehr, wenn man dabei noch Geld spart!). Wir sollten alle versuchen, so wenig Lebensmittel wie möglich wegzuwerfen. Das schont einerseits das Portemonnaie und ist – ganz wichtig – zum anderen besser für die Umwelt. Versuchen Sie also immer, eine Mahlzeit aus dem Kühlschrank zusammenzustellen, bevor Sie den Verlockungen des Supermarktes erliegen!

Aus dem Herumexperimentieren mit ein paar Zutaten, die ich kombinierte und in den Airfryer warf, hat sich ein faszinierendes Abenteuer entwickelt, das schlussendlich dazu führte, dass ich gebeten wurde, dieses Buch zu schreiben! Mein bei Weitem ehrlichster Kritiker war dabei übrigens mein Sohn, mit dem ich die Gerichte am Küchentisch verspeiste. Ich hoffe sehr, dass dieses Buch Sie weiterbringt und inspiriert, selbst wenn es nur ein paar meiner Rezepte in den Kreis Ihrer wöchentlichen Favoriten schaffen. Die Rezepte sollen Ihnen lediglich als Richtschnur dienen – wenn Sie ausreichend Erfahrung mit dem Airfryer gesammelt haben, können Sie sie gern variieren. Möchten Sie mehr Chili? Tun Sie es rein! Falls Sie den Geschmack von Kreuzkümmel nicht mögen, fügen Sie stattdessen etwas gemahlenen Koriander hinzu! Mein einziger Ratschlag lautet, die Grundlagen zu erlernen, bevor Sie versuchen, die Regeln zu brechen.

Ich hoffe, dass Ihnen dieses Buch genauso viel Freude bereitet wie mir die Entwicklung dieser Rezepte für Sie.

Clare

Was ist ein Airfryer?

Grundsätzlich sind Airfryer, auch Heißluftfritteusen genannt, eine bequem zu handhabende, kompakte, schnelle und billige Alternative zum konventionellen Backofen. Der Begriff »Fritteuse« mag ein bisschen irreführend sein, denn eigentlich sind Airfryer nichts anderes als mit Umluft betriebene Mini-Backöfen, die man kaum vorzuheizen braucht (wenn überhaupt). Da die Garkammer bei diesen Geräten viel kleiner ist, sparen Sie beim Aufheizen Kosten und Zeit. Alles, was Sie normalerweise im Backofen oder auf dem Grill zubereiten, gelingt auch im Airfryer – sofern es hineinpasst! Und das ist noch lange nicht alles, Sie können auch Kuchen und anderes Gebäck darin zubereiten und sogar Eier kochen und pochieren!

Das Prinzip des Airfryers besteht darin, heiße Luft in schnellem Strom um das Kochgut im Garbehälter zirkulieren zu lassen. Ein leistungsstarkes Gebläse wirbelt die gesamte heiße Luft (und die winzige Menge an Öl, die Sie vielleicht zugefügt haben) um das Kochgut herum, wodurch es wunderbar kross wird – und das mit nur ganz wenig Fett. Selbstverständlich kann man auch vollständig auf die Zugabe von Öl verzichten, in diesem Fall garen die Speisen ähnlich wie im konventionellen Backofen und sind im Ergebnis vergleichbar. Viele Airfryer neueren Datums verfügen über verschiedene Programmeinstellungen – etwa zum Rösten, Backen und Dörren –, hierbei werden Temperatur und Gebläsedrehzahl automatisch angepasst.

Mittlerweile gibt es auf dem Markt eine Fülle verschiedenster Airfryer – es ist kaum möglich, hier den Überblick zu behalten. Wenn Sie noch keine Erfahrung mit Ihrem Gerät haben, rate ich dazu, zunächst ein paar simple Grundgerichte (etwa Fischstäbchen, Pommes etc.) auszuprobieren, bevor Sie den Sprung ins kalte Wasser wagen und ein großes Bratenstück in Angriff nehmen! Einige Airfryer ermöglichen höhere Temperaturen als andere, es stehen größere und kleinere Geräte zur Auswahl, und einige davon haben mehrere Schubladeneinsätze, sodass Sie mehrere Gerichte gleichzeitig zubereiten können. Nehmen Sie sich Zeit, um Ihr Gerät gründlich kennenzulernen, bevor Sie sich an kompliziertere Gerichte wagen. Wie bei allen neuen Geräten mag der Gebrauch zuerst ein wenig verunsichernd sein, doch haben Sie erst einmal ein paar Gerichte darin zubereitet, werden Sie Ihren Airfryer so häufig wie ich einsetzen. Der beste Rat, den ich Ihnen geben kann, besteht darin, zu experimentieren und Verschiedenes auszuprobieren! Airfryer sind nicht nur für die Zubereitung von Pommes geeignet. Ich habe unzählige Gespräche mit Menschen geführt, die sich einen Airfryer zugelegt, darin ein paarmal Pommes oder Kartoffelspalten zubereitet und das Gerät dann in die Tiefen des Küchenschranks verbannt haben – was für eine Verschwendung! Betrachten Sie Ihren Airfryer als Mini-Umluftofen, der Ihnen eine fast unbegrenzte Fülle von Einsatzmöglichkeiten bietet!

NINJA
DUALZONE TECHNOLOGY
SYNC
MATCH
TIME
TEMP
START STOP
MAX CRISP
AIR FRY
ROAST
BAKE
REHEAT
DEHYDRATE
1
2

Machen Sie Ihre Hausaufgaben

Bevor Sie Ihren Airfryer in Betrieb nehmen, lesen Sie auf jeden Fall die Gebrauchsanweisung des Herstellers. Ich habe in diesem Buch versucht, die Rezeptanleitungen möglichst allgemein zu halten, doch kann es je nach verwendetem Gerät Unterschiede bezüglich der Notwendigkeit des Vorheizens geben. (Ich heize gern ein paar Minuten vor, da ich der Meinung bin, dass die Speisen dadurch gleichmäßiger garen.) Aber was bei einem Gerätetyp funktioniert, muss bei einem anderen nicht unbedingt richtig sein, lernen Sie also Ihren Airfryer kennen! Vielleicht machen Sie die Erfahrung, dass Ihre ersten Rezepte nicht so gelingen, wie Sie sich das vorgestellt haben – das ist okay! Lernen Sie aus den Fehlern und machen Sie es das nächste Mal besser.

Vorteile des Airfryers

Mit dieser Überlegung beginnt für viele Leute, mich eingeschlossen, das Airfryer-Abenteuer. Warum sollte man mit einem Airfryer kochen? Wo liegen die Vorteile? Produziert der Airfryer etwas anderes als die Massen beigefarbener Lebensmittel, die wir aus konventionellen Fritteusen kennen? Die Antwort ist ein hundertprozentiges »Ja«! Zudem sparen Sie mit dem Airfryer im Vergleich zum gängigen Backofen bis zu 80 Prozent Energiekosten ein. Außerdem bereitet er das Essen viel schneller und auch deutlich gesünder zu! Im Folgenden erläutere ich die Vorteile noch einmal im Detail.

Airfryer sind billiger

Im Betrieb sind Airfryer deutlich günstiger als der konventionelle Backofen, und angesichts der gegenwärtigen Wirtschaftslage können diese wunderbaren Geräte wirklich dazu beitragen, die Energiekosten im Rahmen zu halten. Warum soll man einen großen Backofen aufheizen, wenn man nur eine Portion zubereiten möchte? Dafür besteht definitiv keine Notwendigkeit. Wenn Sie Ihren Airfryer regelmäßig nutzen, führt dies zu spürbaren Einsparungen bei Ihrem Energieverbrauch. Er verbraucht deutlich weniger Energie als ein konventioneller Backofen und bereitet das Essen schneller und effizienter zu. Es ist wichtig, ein Gerät zu kaufen, das auf die Erfordernisse Ihrer Familie zugeschnitten ist. Wenn Ihre Familie groß ist, brauchen Sie auch einen großen Airfryer. Sie wollen das Essen ja nicht in mehreren Arbeitsgängen zubereiten! Informieren Sie sich also auf jeden Fall gründlich und lesen Sie die Bewertungen.

Airfryer sind schneller

Da die Garkammer des Airfyers sehr viel kleiner ist als die eines konventionellen Backofens, lässt sie sich viel schneller aufheizen. Das leistungsstarke Gebläse sorgt dafür, dass die heiße Luft viel schneller als im Umluftbackofen um das Kochgut wirbelt, daher werden die Speisen im Airfryer in der Regel schneller gar. Bei allen Rezepten in diesem Buch habe ich die Garzeiten angegeben, aber ich möchte, dass Sie den Airfryer auch für ganz simple Dinge verwenden – wir alle haben schon zu TK-Fischstäbchen und -Waffeln gegriffen, wenn die Kinder nach einem langen Tag müde und hungrig sind! Wenn Sie bei derartigen Lebensmitteln stur die Packungsanweisungen befolgen, brennen Ihnen die Gerichte im Airfryer eventuell an. Ziehen Sie die folgenden Umrechnungstabellen zurate, wenn Sie TK-Fertiggerichte in Ihrem Airfryer zubereiten möchten.

200C
TIME
TEMP
1
START STOP
MAX CRISP
AIR FRY
ROAST

Umrechnungstabellen für Garzeiten und Temperatur

GARZEIT IM OFEN	GARZEIT IM AIRFRYER
10 Minuten	8 Minuten
15 Minuten	12 Minuten
20 Minuten	16 Minuten
25 Minuten	20 Minuten
30 Minuten	25 Minuten
35 Minuten	28 Minuten
40 Minuten	32 Minuten
45 Minuten	35 Minuten
50 Minuten	40 Minuten
55 Minuten	45 Minuten
1 Stunde	48 Minuten

OBER- UND UNTERHITZE (OFEN)	UMLUFT (OFEN)	AIRFRYER
190 °C	170 °C	150 °C
200 °C	180 °C	160 °C
210 °C	190 °C	170 °C
220 °C	200 °C	180 °C
230 °C	210 °C	190 °C

Airfryer sind gesünder

Einer der gesundheitlichen Vorteile beim Kochen mit dem Airfryer besteht darin, dass Sie in der Regel kein Öl zufügen müssen. Steht Ihnen jedoch der Sinn nach Speisen, die üblicherweise in der normalen Fritteuse oder im Ofen mit jeder Menge Öl zubereitet werden, erzielen Sie wunderbar knusprige Ergebnisse, wenn Sie einen Teelöffel Öl zugeben. Sie dürfen sich also immer noch an herrlich knusprigen Bratlingen oder krossen Pommes erfreuen, verbrauchen bei der Zubereitung aber viel weniger Fett. Wenn Sie sich entscheiden, Öl einzusetzen, geben Sie es immer direkt auf die Lebensmittel und nicht in den Garbehälter, dies erleichtert auch das Reinigen des Airfryers (mehr dazu später). Zudem sollten Sie darauf achten, dass sich das Öl gut im Kochgut verteilt und die Zutaten ummantelt, dann garen die Speisen gleichmäßig. Was die Ölsorte betrifft, so empfehle ich Pflanzenöl, Avocadoöl oder Olivenöl. Im Handel finden Sie eine breite Palette an Sprühölen, darunter auch kalorienreduzierte Varianten. Ziehen Sie bei Letzteren jedoch die Betriebsanleitung Ihres Geräts zurate, denn einige Hersteller warnen vor deren Einsatz, da sie das Gerät beschädigen könnten.

Sie können sich auch schicke kleine Sprühflaschen zulegen und diese mit dem Öl füllen, das Sie zum Kochen bevorzugen – der Effekt ist derselbe. Wenn Sie den Airfryer regelmäßig benutzen, ist eine solche Flasche eine lohnende Investition. Wenn Sie TK-Kost wie Pommes zubereiten, brauchen Sie überhaupt kein Öl zuzufügen, es ist einfach überflüssig.

Im Airfryer lässt sich neben den bekannten beigefarbenen Speisen auch Gemüse perfekt und schnell zubereiten. Bei mir reicht die Palette an Gemüsegerichten von herrlich knusprigem Grünkohl über gerösteten Brokkoli und geröstete Pastinaken bis hin zu gefüllten Tomaten. Ich gare darin auch rasch Gemüse, das ich später in eine Suppe geben will.

NINJA
200C
2

Welchen Airfryer soll ich kaufen?

Das ist die Frage Nummer eins, die mir von meiner Familie, meinen Freundinnen und Freunden und meinen Followern gestellt wird. Airfryer gibt es in verschiedenen Größen und Formen, für jedes Budget und unterschiedliche Haushalte – es kommt also hier wirklich auf Ihre individuellen Bedürfnisse an. Spielt der Preis keine Rolle, lässt man sich leicht von den riesigen Premiumgeräten verführen, die alles versprechen und alles können. Aber denken Sie daran, dass ein solches Gerät nicht sinnvoll ist, wenn Sie in der Regel nur für eine oder zwei Personen kochen – wenn es ums Energiesparen geht, ist ein kleines Gerät natürlich besser. Auch nehmen große Airfryer auf der Arbeitsplatte eine Menge Platz ein, werfen Sie also einen kritischen Blick auf Ihre Küche und legen Sie vor dem Kauf fest, wie groß das Gerät maximal sein darf. Damit sich Ihr Airfryer im Betrieb nicht überhitzt, sollten im Idealfall rings um das Gerät 10 Zentimeter Platz sein. Mein Airfryer kommt so häufig zum Einsatz, dass er einen festen Platz auf der Arbeitsfläche hat, aber vielleicht möchten Sie Ihr Gerät lieber im Küchenschrank oder Regal verstauen, damit es aus dem Weg ist. In diesem Fall sollten Sie berücksichtigen, dass ein Airfryer ziemlich schwer sein kann!

Es gibt verschiedene Arten von Airfryern, die beiden gängigsten Typen sind der größere Airfryer Oven und der kleinere Tower Airfryer, der auch häufig als Basket-Fryer bezeichnet wird. Beide Typen leisten grundsätzlich dasselbe, der Tower Airfryer nimmt jedoch weniger Platz weg und hat eine geringere Kapazität. Der Airfryer Oven hat häufig mehrere Einsätze – Sie können also dank unabhängig voneinander funktionierender Garzonen gleichzeitig verschiedene Bestandteile Ihres Menüs bei unterschiedlichen Temperaturen garen. Durch dieses Feature ist der Airfryer Oven ideal für größere Familien oder für komplexere Gerichte, die aus mehreren Komponenten bestehen. Im Handel bekommen Sie sogar Rotisserie-Airfryer mit Drehspieß, die für größere Fleischstücke gedacht sind. Letztere sehen super aus, ich empfehle Ihnen ein solches Gerät aber nur, wenn Sie sehr häufig derartige Speisen zubereiten wollen.

Möchten Sie in Ihrem Airfryer größere Fleischteile zubereiten, etwa ein ganzes Hähnchen oder einen Schweine- oder Rinderbraten, brauchen Sie ein entsprechend großes Gerät mit dem hierfür notwendigen Fassungsvermögen. Derartige Geräte können leicht mehr als 230 Euro kosten, überlegen Sie also im Vorfeld gut, ob Sie es wirklich regelmäßig benutzen werden. Falls Sie Freunde haben, die Ihnen immer wieder von ihrem Airfryer vorschwärmen (wie ich es in meinem Freundeskreis mache), fragen Sie nach, ob Sie das Gerät eventuell einmal ausprobieren dürfen, bevor Sie sich ein eigenes zulegen.

Hat das Gerät, mit dem Sie liebäugeln, einen Schubladeneinsatz oder einen Garbehälter mit Auszug? Ein derartiges Feature ist superpraktisch, da Sie so während der Garzeit ganz einfach checken können, wie lange das Gericht noch braucht. Andere Geräte garen die Speisen in einem schüsselartigen Einsatz und haben häufig ein Sichtfenster im Deckel, sodass Sie das Kochgut im Auge behalten können, ohne das Gerät zu öffnen. Es kommt natürlich ganz auf die persönlichen Vorlieben an, aber ich möchte den Einsatz mit den Speisen herausnehmen können und nach ungefähr der Hälfte der Garzeit einmal rasch durchrütteln – dies ist besonders nützlich bei Gerichten wie Pommes oder Kartoffelspalten, weil dadurch die Zutaten neu verteilt und so gleichmäßig kross werden. Einige Airfryer verfügen auch über eine Rührfunktion, mit deren Hilfe das Kochgut während des Garprozesses regelmäßig gewendet wird, was recht nützlich sein kann, wenn die Speisen auf allen Seiten gleich knusprig werden sollen (derselbe Effekt lässt sich jedoch auch erzielen, wenn Sie den Einsatz etwa alle 5 Minuten herausnehmen und kurz durchrütteln).

Bei der Kaufentscheidung sind noch weitere Faktoren zu berücksichtigen. Lassen sich die Einsätze des Geräts in der Geschirrspülmaschine reinigen (dies ist von Modell zu Modell unterschiedlich, es lohnt sich also, dies zu prüfen), welcher Timer ist eingebaut (an Genauigkeit nicht zu überbieten ist ein elektronischer digitaler Timer), welche Einstellmöglichkeiten gibt es (teurere Modelle haben oft Programme zum Backen, Braten sowie eine Crisp-Funktion) und wie sehen die Kundenbewertungen aus? Hierzu gibt es gute Nachrichten: Da Airfryer das neue Must-have in der Küche sind, lässt sich ganz einfach herausfinden, was die Nutzer von den verschiedenen Modellen halten – fangen Sie einfach an zu recherchieren!

Haben Sie den passenden Airfryer gefunden? Dann kann es losgehen! Dieses geniale neue Gerät wird von nun an alle Ihre Mahlzeiten bereichern und gleichzeitig die Kosten niedrig halten.

Zubehör für den Airfryer

Jetzt, wo Sie sich für einen Airfryer entschieden haben, sind Sie startklar – aber gibt es noch Zubehör, das Ihnen die Arbeit beim Kochen erleichtern könnte? Obwohl Sie mit dem Airfryer sofort loslegen können, sollten Sie sich ein paar Zubehörteile gönnen: Sie machen das Leben einfacher, gerade wenn man den Airfryer regelmäßig benutzt (und warum sollte man das nicht tun?). Sie brauchen nicht alle Teile auf einmal zu kaufen, erweitern Sie Ihre Zubehörkollektion im Lauf der Zeit, wenn Sie herausgefunden haben, welche Gerichte Sie gern in Ihrem Airfryer zubereiten möchten. Die im Folgenden genannten Zubehörteile gehören zu dem Set, das ich regelmäßig benutze. Achten Sie beim Einkauf jedoch unbedingt darauf, dass die Teile auch in Ihr Gerät passen: Zubehör gibt es in allen Formen und Größen – bevor Sie auf Shoppingtour gehen, sollten Sie daher die Abmessungen Ihres Airfryers notiert haben!

Silikonformen

Silikon funktioniert richtig gut im Airfryer, da es hitzebeständig, leicht zu reinigen und in allen Größen und Formen erhältlich ist. Ich benutze Muffinförmchen aus Silikon für fast alles, vom Kuchenbacken bis zum Pochieren von Eiern. Sie bekommen ein ganzes Sortiment davon ziemlich günstig bei Anbietern wie Amazon oder im Küchenfachhandel. Die Formen können immer wieder benutzt werden, was sie nicht nur umweltfreundlich, sondern auch praktisch und kostengünstig macht.

Größere Silikonformen können rechteckig oder rund sein, wählen Sie diejenige aus, die am besten in Ihren Airfryer passt. Sie eignen sich perfekt für alle Gerichte mit Soße, die Sie nicht ohne Zubehör im Garbehälter Ihres Airfryers zubereiten wollen. Ich benutze diese Formen für eine ganze Reihe von Gerichten, von Eintöpfen über Aufläufe bis hin zu gebratenem Gemüse, das ich in Suppen verwende. Sie können in diesen Formen auch größere Kuchen backen, dann allerdings müssen Sie sie vorher einfetten.

Hitzebeständige Förmchen und Auflaufformen aus Keramik

Möchten Sie keine Silikonformen kaufen, sind hitzebeständige Förmchen und größere Auflaufformen aus Keramik eine super Alternative. Ich nutze Keramikförmchen gern für meine »Mini-Quiches ohne Teigboden« (Seite 67) und damit für Gerichte, die eine sättigende Portion und nicht nur ein Appetithäppchen liefern sollen. Einer der Pluspunkte dieser Förmchen besteht übrigens darin, dass Sie vermutlich schon ein paar davon hinten im Küchenschrank versteckt stehen haben – sie sind bestens für Ihre ersten Schritte mit dem Airfryer geeignet. Und überzeugen Sie sich bitte noch einmal, dass die Teile, die Sie benutzen, auch wirklich hitzebeständig sind.

Sprühflaschen für Öl

Wenn Sie in Ihrem Airfryer knusprig-krosse Leckereien zubereiten wollen, habe ich eine wirklich gute Nachricht für Sie: Sie brauchen dafür nur einen Bruchteil der Ölmenge, die Sie für dasselbe Gericht beim Braten oder Frittieren verwenden müssten. Ungefähr ein Teelöffel Öl ist mehr als genug. Sie können die Lebensmittel in ein wenig Öl wenden, bevor Sie sie in den Airfryer geben – ich bevorzuge allerdings eine praktische Sprühflasche, die das Öl mit jedem Pumpstoß fein zerstäubt auf dem Kochgut verteilt. Ich nehme hierfür generell Olivenöl, aber andere Öle funktionieren genauso gut. Einige greifen auch zu fettreduzierten Mischungen, aber hiervon würde ich abraten: Derartige Produkte haben oftmals einen niedrigeren Rauchpunkt als konventionelle Speiseöle und können demzufolge die Antihaftbeschichtung im Inneren Ihres Airfryers beschädigen.

Fleischthermometer

In meinen Augen ist ein Fleischthermometer ein absolutes Muss in der Küche. Einer der Riesenvorteile des Airfryers liegt darin, dass die Gerichte darin schneller fertig werden. Dies führt allerdings mitunter zu Problemen: Die auf Verpackungen oder in traditionellen Rezepten angegebenen Garzeiten sind oft länger, da sie ganz konventionell auf Herdplatte oder Ofen und nicht auf den Airfryer zugeschnitten sind. Daher müssen Sie ein wenig experimentieren, um herauszufinden, wann welche Zutat durch ist. Hier leistet ein Instant-Fleischthermometer gute Dienste, da Sie darauf sofort die Kerntemperatur ablesen können und so zuverlässig wissen, ob ein Lebensmittel richtig durchgegart ist und somit bedenkenlos verzehrt werden kann. Ich bevorzuge Modelle mit digitalem Display, die zwar etwas teurer, dafür aber genauer sind. Die Tabellen auf den Seiten 28–33 zeigen Ihnen, bei welchen Temperaturen Sie welche Lebensmittel garen sollten.

WAFE
21.0

Metallroste

Übereinandergestapelte Metallroste sind definitiv nicht notwendig, aber trotzdem praktisch, gerade wenn Sie für eine größere Zahl an Gästen kochen. Setzen Sie die Roste in den Garbehälter/Einschub Ihres Airfryers ein, verdoppelt oder verdreifacht sich auf diese Weise die Fläche, die für das Gargut zur Verfügung steht. Besonders praktisch ist das für Gerichte wie Fischstäbchen oder würzige Chickennuggets – insbesondere dann, wenn Sie viele hungrige Mäuler zu stopfen haben und weder die Zeit noch die zusätzliche Energie aufwenden möchten, die Sie für die Zubereitung in mehreren Arbeitsgängen bräuchten. Aber Achtung: Da die Roste aus Metall bestehen, werden sie in der Fritteuse sehr heiß. Nimmt man sie aus dem Gerät, ist wirklich Vorsicht geboten, da man sich leicht die Hände verbrennen kann. Meiner Erfahrung nach wird das Kochgut auf dem obersten Rost schneller gar als auf dem untersten, daher ist es sinnvoll, die Roste nach ungefähr der Hälfte der Kochzeit zu rotieren, damit alles gleichmäßig gar wird.

Backpapier

Wahrscheinlich haben Sie schon irgendwo in der Küche Backpapier liegen, kommen aber aus Sicherheitserwägungen gar nicht auf die Idee, diesen überaus nützlichen Helfer in Ihrem Airfryer zu verwenden. Backpapier gerät nicht in Brand – weder im Backofen noch im Airfryer. Im Airfryer muss man es jedoch mit dem Kochgut beschweren, damit es während des Betriebs im geschlossenen Garbehälter nicht umhergeblasen wird und womöglich das Heizelement berührt. Legen Sie den Garbehälter Ihres Airfryers mit Backpapier aus, wenn Sie Gerichte zubereiten, die sich nur schlecht aus dem Einsatz herausnehmen lassen, etwa von Hand geformte Blätterteig-Törtchen, paniertes Hühnchen oder Fisch.

Grundfunktionen des Airfryers

Die folgenden Tipps sollen Ihnen zu einem schnellen Einstieg in den Umgang mit dem Airfryer verhelfen und grundlegende Fragen beantworten – mir hätte es sehr geholfen, das alles schon zu wissen, als ich mich daranmachte, das Kochen mit dem Airfryer zu erforschen.

Vorheizen

Einer der größten Vorteile des Airfryers besteht in dem sehr schnellen Aufheizen. Da die Garkammer so viel kleiner ist als bei einem konventionellen Backofen, kommt sie sehr viel schneller auf Temperatur – damit entfällt das relativ lange Vorheizen, wie wir es vom Backofen her gewohnt sind. Ich kenne viele Leute, die ihren Airfryer überhaupt nicht vorheizen, aber meiner Meinung nach gart das Kochgut gleichmäßiger, wenn das Gerät ein paar Minuten vorgeheizt wird und so auf die angestrebte Temperatur kommt.

Zubereitung von TK-Kost

Ich werfe meinen Airfryer jeden Tag an und nutze unterschiedliche Funktionen, da ich beim Kochen nicht immer alles von Grund auf selbst zubereiten kann – sind wir ehrlich, dafür ist manchmal einfach keine Zeit! In diesen Fällen erweist sich der Airfryer als äußerst praktisch: Gefrorene Fischstäbchen, Scampi und natürlich TK-Pommes lassen sich gut darin zubereiten, und dies (ein weiterer Pluspunkt) deutlich schneller als im Ofen. Der Trick bei der Zubereitung von TK-Kost besteht darin, den Airfryer nicht zu voll zu machen, nur dann bekommt man das erwünschte knusprig-krosse Ergebnis. Erliegen Sie nicht der Versuchung, so viel Kochgut wie möglich in den Garbehälter zu packen. Dies kann dazu führen, dass die Gerichte nicht gleichmäßig durchgegart werden, sie sind dann eventuell an der Oberfläche schön knusprig, in den unteren Lagen aber durchfeuchtet und wenig appetitlich. Bei TK-Pommes und Ähnlichem rate ich Ihnen, den Garbehälter nur halb voll zu machen und den Einsatz ungefähr alle 5 Minuten kurz durchzurütteln: So gehen Sie sicher, dass die Hitze während des Garprozesses gleichmäßig verteilt ist und das Kochgut ebenmäßig durchdringt.

Auf Seite 15 finden Sie eine Tabelle mit den ungefähren Garzeiten und Temperaturen für die Zubereitung im Airfryer bzw. im Backofen. Auf jeden Fall sollten Sie jedoch vor dem Servieren prüfen, ob das Essen auch wirklich an allen Stellen kochend heiß und durchgegart ist, ganz besonders, wenn Fleisch oder Fisch auf den Tisch kommen.

Wie voll ist zu voll?

Der häufigste Fehler beim Kochen mit dem Airfryer besteht darin, den Garbehälter zu voll zu machen. Wenn Sie dieser Versuchung erliegen, erhöht sich dadurch die Garzeit und das Essen wird möglicherweise nicht gleichmäßig gegart.

Die besten Ergebnisse erzielen Sie in der Regel, wenn Sie das Gargut nebeneinander in nur einer Lage auf dem Boden des Garbehälters verteilen, die einzelnen Bestandteile sollten sich dabei nicht überlappen. Während des Garprozesses sollten die Zutaten ein- oder zweimal gewendet werden, damit sie auf allen Seiten knusprig werden. Einige Modelle haben ein Einlegegitter (Crisper-Einsatz), das genau in den Garbehälter passt und dafür sorgt, dass die heiße Luft nicht nur von oben, sondern auch von unten an das Kochgut gelangt, und es an der Ober- und Unterseite kross werden lässt. Wenn Ihr Gerät über solch einen Crisper-Einsatz verfügt, müssen Sie das Kochgut vermutlich nicht nach der Hälfte des Garprozesses wenden.

Aufwärmfunktion

Der Airfryer eignet sich perfekt dazu, Essen vom Vortag aufzuwärmen und wieder knackig-frisch zu machen. Gerichte, die noch gestern knusprig und lecker waren, jetzt aber matschig und trist aussehen, erstrahlen nach ein paar Minuten in dem Airfryer in neuem Glanz. Besonders gut funktioniert das bei Speisen wie Pizza, Chickennuggets und sogar bei ein paar Tage alten Fritten (auch vom Imbiss geholte Pommes werden im Airfryer so knusprig, als hätte man sie gerade frisch zubereitet). Allerdings funktioniert das Aufwärmen nicht bei allen Speisen gleich gut – Gerichte mit Soße wie etwa ein Curry oder Schmorgericht sollten besser konventionell in der Mikrowelle oder im Topf auf der Herdplatte erwärmt werden.

Reinigen

Es gibt keine allgemeingültige Regel zum Reinigen des Airfryers, daher sollten Sie immer in der Bedienungsanleitung nachschauen, was für Ihr spezielles Gerät empfohlen wird. Einige Garbehälter/Einsätze lassen sich problemlos im Geschirrspüler säubern, andere nicht – dies könnte ein Kriterium bei der Kaufentscheidung sein. Im Alltag stelle ich meinen Schubladeneinsatz allerdings nur selten in die Geschirrspülmaschine, ich finde, dass er sich mit ein bisschen Seifenwasser ganz einfach sauber machen lässt. Und wenn Sie den Boden des Garbehälters mit Backpapier auslegen, verhindern Sie zuverlässig, dass sich dort hartnäckige und schwer zu entfernende Lebensmittelreste absetzen.

Garzeit-Tabellen

Verwenden Sie die Tabellen auf den nächsten Seiten, um herauszufinden, wie lange Sie bestimmte Zutaten garen müssen. Berücksichtigen Sie, dass diese Zeitangaben nur Schätzungen sind und sich Airfryer von Gerät zu Gerät ein wenig unterscheiden. Prüfen Sie daher vor dem Verzehr immer, ob Ihr Essen auch vollständig durchgegart ist und die richtige Kerntemperatur hat.

Huhn

Zutat	Temperatur des Airfryers	Garzeit	Kerntemperatur des Garguts	Hinweise
Ganzes Huhn (etwa 1,6 kg)	180 °C	1 Stunde	75 °C	Zuerst Brustseite nach unten, nach 30 Minuten wenden
Brust (ohne Haut und Knochen)	180 °C	15–20 Minuten	75 °C	Nach der Hälfte der Garzeit wenden
Oberkeulen (ohne Haut und Knochen)	180 °C	15 Minuten	75 °C	Nach der Hälfte der Garzeit wenden
Flügel	180 °C	25 Minuten	75 °C	Nach der Hälfte der Garzeit wenden
Ganze Hühnerbeine	180 °C	30–35 Minuten	75 °C	Nach der Hälfte der Garzeit wenden
Unterkeulen (Drumsticks)	180 °C	25 Minuten	75 °C	Nach der Hälfte der Garzeit wenden

Schwein

Zutat	Temperatur des Airfryers	Garzeit	Kerntemperatur des Garguts	Hinweise
Schweineschulter	180 °C	15 Minuten pro 450 g	63 °C	1 Stunde mit Schwarte nach unten, dann 20 Minuten mit Schwarte nach oben
Schinkenbraten (etwa 1,5 kg)	180 °C	1 Stunde	68 °C	Nach der Hälfte der Garzeit wenden
Bacon	180 °C	8 Minuten	Fertig, wenn kross	Nach der Hälfte der Garzeit wenden
Würstchen	180 °C	10 Minuten	68 °C	Nach der Hälfte der Garzeit wenden
Schweine-koteletts	180 °C	30–35 Mi-nuten	75 °C	Nach der Hälfte der Garzeit wenden

Rind

Zutat	Temperatur des Airfryers	Garzeit	Kerntemperatur des Garguts	Hinweise
Bratenstück	180 °C	15 Minuten pro 450 g (blutig/rare) +10 Minuten (medium) +20 Minuten (durch/well done)	52 °C (blutig/rare) 63 °C (medium) 71 °C (durch/well done)	Nach der Hälfte der Garzeit wenden
Steak (etwa 250 g)	200 °C	8 Minuten (blutig/rare) 10 Minuten (medium) 12 Minuten (durch/well done)	52 °C (blutig/rare) 63 °C (medium) 71 °C (durch/well done)	Nach der Hälfte der Garzeit wenden
Burger	180 °C	10 Minuten	71 °C	Nach der Hälfte der Garzeit wenden

Lamm

Zutat	Temperatur des Airfryers	Garzeit	Kerntemperatur des Garguts	Hinweise
Bratenstück	180 °C	20 Minuten pro 450 g (medium) + 10 Minuten (durch/well done)	63 °C (medium) 71 °C (durch/well done)	Nach der Hälfte der Garzeit wenden
Lammkoteletts (mit Knochen)	180 °C	12 Minuten	63 °C	Nach der Hälfte der Garzeit wenden
Lammsteaks (mit Knochen)	180 °C	12–15 Minuten	63 °C	Nach der Hälfte der Garzeit wenden
Burger	180 °C	10 Minuten	63 °C	Nach der Hälfte der Garzeit wenden
Kofta	180 °C	8–10 Minuten	63 °C	Nach der Hälfte der Garzeit wenden

Fisch

Zutat	Temperatur des Airfryers	Garzeit	Kerntemperatur des Garguts	Hinweise
Lachsfilets	180 °C	12 Minuten	63 °C	Nach der Hälfte der Gar- zeit wenden
Kabeljaufilets	180 °C	12–15 Mi- nuten	63 °C	Nach der Hälfte der Gar- zeit wenden
Riesengarnelen	180 °C	4 Minuten	63 °C	Nach der Hälfte der Gar- zeit wenden
Fischfrikadellen	180 °C	10–12 Mi- nuten	63 °C	Nach der Hälfte der Gar- zeit wenden
Fischstäbchen (TK-Ware)	180 °C	12 Minuten	63 °C	Nach der Hälfte der Gar- zeit wenden

Kartoffeln

Zutat	Temperatur des Airfryers	Garzeit	Kerntemperatur des Garguts	Hinweise
Ofenkartoffeln	200 °C	45 Minuten	Fertig, wenn weich	Mit Öl besprühen, nach der Hälfte der Garzeit wenden
Bratkartoffeln	200 °C	30 Minuten	Fertig, wenn kross	5 Minuten kochen, abgießen und mit Öl besprühen, Garbehälter nach der Hälfte der Garzeit durchrütteln
Kartoffelspalten	180 °C	25 Minuten	Fertig, wenn kross	Garbehälter nach der Hälfte der Garzeit durchrütteln
Pommes	180 °C	25 Minuten	Fertig, wenn kross	Garbehälter nach der Hälfte der Garzeit durchrütteln
Ofen-Pommes (grob, TK-Ware)	180 °C	20 Minuten	Fertig, wenn kross	Garbehälter nach der Hälfte der Garzeit durchrütteln
Ofen-Pommes (fein, TK-Ware)	180 °C	15–20 Minuten	Fertig, wenn kross	Garbehälter nach der Hälfte der Garzeit durchrütteln

Ein Wort zu den Rezepten

Alle Rezepte in diesem Buch habe ich zu Hause in meiner Küche gründlich ausprobiert. Der Corona-Lockdown hatte nun wirklich nur wenige Vorteile – einer davon bestand darin, dass ich die Gelegenheit bekam, meine Begeisterung für die Entwicklung leckerer, günstiger und einfacher Familienmahlzeiten zu entdecken und auszuleben. Sie werden feststellen, dass ich in vielen Rezepten übrig gebliebene Reste aus dem Kühlschrank verwerte. Daher lege ich Wert darauf, dass meine Rezepte so variabel wie möglich sind und möglichst wenig Abfall entsteht. Falls Sie Reste vom Vortag oder übrig gebliebene Zutaten haben, nutzen Sie sie. Vielleicht wird das Gericht dadurch sogar noch schmackhafter! Dasselbe gilt für die empfohlene Menge an Gewürzen: Wenn Sie gern scharf essen, nehmen Sie einfach mehr, bevorzugen Sie dagegen milde Gerichte, reduzieren Sie die Menge oder lassen Sie das eine oder andere Gewürz ganz weg. Es gibt hier keine richtige oder falsche Art der Zubereitung!

Sie werden feststellen, dass die meisten Rezepte in diesem Buch für zwei Portionen berechnet sind. Das liegt daran, dass sich diese Menge in den meisten Airfryern problemlos zubereiten lässt, daher lassen sich die Rezepte für alle gut umsetzen. Besitzen Sie ein größeres Gerät und möchten eine größere Anzahl von Gästen bewirten, verdoppeln Sie die Rezepte einfach, das klappt problemlos.

Die angegebenen Garzeiten dienen nur als Richtschnur. Um sicherzugehen, dass auch wirklich alles durchgegart ist, rate ich Ihnen dringend, ein Thermometer zu benutzen – gerade am Anfang, wenn Sie mit Ihrem Airfryer noch nicht so vertraut sind. Was in meinem Airfryer 15 Minuten braucht, ist in Ihrem vielleicht schon nach 12 oder 13 Minuten fertig. Genau wie beim Backofen gibt es unter den Airfryern Geräte, die ein bisschen heißer werden als andere, aber je öfter Sie Ihren Airfryer benutzen, umso schneller lernen Sie seine Eigenarten kennen.

Vielleicht greifen Sie täglich auf die Rezepte in diesem Buch zurück, vielleicht schafft es nur eine Handvoll davon in Ihr Standardrepertoire, vielleicht nutzen Sie diese Einführung auch als Inspiration für eigene Rezepte. Wie auch immer Sie vorgehen – ich hoffe sehr, dass diese neue Art des Kochens Sie begeistert. Airfryer sind einfach in der Anwendung, weichen jedoch von dem ab, was wir beim Kochen gewohnt sind. Nehmen Sie sich also einfach Zeit, um mit Ihrem Gerät vertraut zu werden, und finden Sie heraus, was am besten funktioniert. Ich wünsche mir, dass Sie bei der Zubereitung der Gerichte genauso viel Spaß haben wie ich. Und wenn Sie die ersten Schritte mit Ihrem Airfryer gewagt haben, taggen Sie mich doch einfach auf meinem Instagram-Account @airfryeruk …

Ich würde nur allzu gern sehen, was Sie in Ihrem Airfryer zaubern!

Das geniale Airfryer-Kochbuch

Reze

epte

Frühstück und Brunch

Der richtige Start in den Tag!

Perfekter Wochenend-Brunch

VORBEREITUNG: 5 Minuten **GARZEIT:** 10–15 Minuten **PORTIONEN:** 1
ZUBEHÖR: Hitzebeständige Form, die in Ihren Airfryer passt

Das ist ein herrlich einfacher Brunch, der in einem Arbeitsgang zubereitet und im Airfryer gegart wird. Die Menge ergibt ein reichhaltiges Frühstück oder einen sättigenden Brunch für eine Person, das Gericht kann aber auch mit Toast so gestreckt werden, dass es gut für zwei Personen reicht.

- Olivenöl zum Besprühen
- 1 mittelgroße Kartoffel, geschält und in dünne Scheiben geschnitten
- 1 TL englisches Senfpulver
- 4 EL Milch
- 100 g frischer Spinat, gewaschen
- 130 g Chorizo, gewürfelt
- 80 g Cheddar-Käse, gerieben
- 2 Eier
- Meersalz und schwarzer Pfeffer aus der Mühle

1. Die Form mit ein wenig Olivenöl einsprühen, dann die Kartoffelscheiben nebeneinander in nur einer Lage auf dem Boden der Form anordnen. Mit Senfpulver bestreuen und die Milch über die Kartoffelscheiben gießen. Den Spinat in einer gleichmäßigen Schicht auf den Kartoffelscheiben verteilen und mit der gewürfelten Chorizo bestreuen. Alles mit geriebenem Cheddar-Käse krönen, dann die Eier aufschlagen und auf die Oberfläche gleiten lassen. Das Gericht großzügig mit Salz und Pfeffer würzen.

2. Die Form in den Airfryer stellen und das Gericht bei 180 °C etwa 10–15 Minuten garen. Alle 5 Minuten einen Kontrollblick auf den Brunch werfen und ihn so lange im Airfryer lassen, bis alles durchgegart ist und der Käse Blasen wirft. Heiß servieren.

Frühstücks-Muffins

VORBEREITUNG: 5 Minuten **GARZEIT:** 20 Minuten **ERGIBT:** 4 Stück
ZUBEHÖR: 4 Muffinförmchen aus Silikon

Diese leckeren Muffins ergeben ein super Frühstück, das sich auch gut mitnehmen lässt. Sie schmecken warm oder kalt, daher kann man sie schon im Voraus für Tage zubereiten, an denen es morgens hektisch zugehen wird. Die im Rezept angegebene Menge lässt sich leicht variieren – haben Sie viele hungrige Mäuler zu stopfen, backen Sie einfach die doppelte oder dreifache Anzahl an Muffins.

8 Scheiben Pancetta (italienischer Bauchspeck)
4 Eier
Meersalz und schwarzer Pfeffer aus der Mühle
80 g Cheddar-Käse, gerieben
Tomatenketchup zum Dippen (optional)

1. Die Pancetta-Scheiben nebeneinander auf dem Boden des Garbehälters verteilen, dabei darauf achten, dass sie sich nicht überlappen. Bei 190 °C etwa 5 Minuten garen, bis sie kross sind. Nach etwa der Hälfte der Garzeit einen Kontrollblick auf die Pancetta werfen und die Scheiben gegebenenfalls wenden, damit sie auf allen Seiten gleichermaßen knusprig werden.

2. Die Eier aufschlagen und in eine Schüssel gleiten lassen, mit Salz und Pfeffer würzen und gut miteinander verquirlen. Den geriebenen Käse zufügen und alles nochmals verquirlen.

3. Wenn die Pancetta-Scheiben fertig sind, den Bauchspeck in kleine Stückchen zerkrümeln oder schneiden.

4. Die Hälfte der Pancetta in die Schüssel mit den Eiern und dem Käse geben und alles gut verrühren. Die Mixtur anschließend gleichmäßig auf die Silikonförmchen verteilen und die restliche Pancetta über die Oberfläche streuen.

5. Die gefüllten Muffinförmchen in den Airfryer stellen und bei 180 °C etwa 15 Minuten garen, bis die Muffins durch sind, dabei gelegentlich einen prüfenden Blick in die Fritteuse werfen. Die Muffins warm oder kalt servieren und dazu ein Schälchen mit Ketchup zum Dippen reichen.

Schnelles Frühstücksomelett

VORBEREITUNG: 5 Minuten **GARZEIT:** 18 Minuten **PORTIONEN:** 1
ZUBEHÖR: Große runde Silikonform

Ein Omelett ist so einfach und vielseitig, dass es zu jeder Tageszeit eine perfekte Mahlzeit liefert. Ich bereite es hier mit Tomaten, Paprika und Zwiebeln zu, aber Sie können nach Lust und Laune auch jede andere Füllung dafür nehmen. Dieses mit zwei Eiern zubereitete Omelett ergibt eine Portion, aber wenn Sie für zwei oder mehr Personen kochen, erhöhen Sie die Mengen einfach – achten Sie vor dem Servieren aber darauf, dass die Eier auch wirklich überall durchgegart sind.

4 Kirschtomaten, halbiert
½ rote oder gelbe Paprikaschote, entkernt und grob gehackt
½ rote Zwiebel, geschält und in Scheiben geschnitten
2 TL Olivenöl
2 Eier, verquirlt
Meersalz und schwarzer Pfeffer aus der Mühle
25 g geriebener Cheddar-Käse

1. Tomaten, Paprikaschote und Zwiebelscheiben in die Silikonform geben und das Öl zufügen. Alles kurz durchmischen, damit das Gemüse gleichmäßig vom Öl ummantelt wird. Anschließend die Form in den Airfryer stellen und alles bei 180 °C etwa 5 Minuten garen, bis das Gemüse knapp weich ist.

2. Die verquirlten Eier großzügig mit Salz und Pfeffer würzen und in die Silikonform gießen. Die Eimasse gut mit dem Gemüse vermengen, dann die Form erneut in den Airfryer stellen und das Omelett etwa 8 Minuten garen, bis es fast durch ist. Nun den Käse darüberstreuen und alles weitere 5 Minuten garen, bis der Käse geschmolzen ist, sich goldgelb gefärbt hat und die Eierspeise fertig ist.

3. Das Omelett auf einen Teller gleiten lassen und sofort servieren.

Schnelle Eierspeise

VORBEREITUNG: 5 Minuten **GARZEIT:** 10 Minuten **PORTIONEN:** 1 (verdoppeln Sie die Menge, wenn Sie einen größeren Airfryer haben) **ZUBEHÖR:** 3 Muffinförmchen aus Silikon oder hitzebeständige Keramikförmchen

Am Wochenende ist ein warmes Frühstück ein echter Leckerbissen, kann Ihnen jedoch eine ganze Menge schmutziges Geschirr bescheren – gerade dann, wenn Sie einfach nur bei einer Tasse Tee die Füße hochlegen und die Zeitung lesen möchten. Bis auf den Toast lässt sich diese Eierspeise komplett im Airfryer zubereiten. Dadurch bleibt das Chaos in der Küche weitgehend aus und zudem wird das Frühstück ein bisschen gesünder!

Olivenöl zum Besprühen
2 Eier
4 Kirschtomaten, halbiert
Meersalz und frisch gemahlener Pfeffer
3 Scheiben Pancetta (italienischer Bauchspeck)
Toast mit Butter zum Servieren (optional)

1. Silikon- oder Keramikförmchen mit ein wenig Olivenöl einsprühen. In 2 der Förmchen jeweils 1 Ei schlagen, das dritte mit den halbierten Tomaten befüllen. Alle 3 Förmchen mit Salz und Pfeffer würzen, dann noch etwas zusätzliches Olivenöl auf die Tomaten sprühen.

2. Die mit Eiern bzw. Tomaten bestückten Förmchen in den Garbehälter des Airfryers stellen und bei 180 °C etwa 5 Minuten garen. Anschließend den Airfryer öffnen und die Pancetta-Scheiben nebeneinander auf dem Boden des Garbehälters verteilen. Während das Gerät geöffnet ist, die Eier überprüfen – bevorzugen Sie das Eigelb weich, sind sie vielleicht schon fertig. Achten Sie aber auf jeden Fall darauf, dass das Eiweiß vollständig durchgegart ist.

3. Schließen Sie den Airfryer und garen Sie das Gericht bei derselben Temperatureinstellung weitere 5 Minuten. Werfen Sie ab und zu einen Kontrollblick hinein und nehmen Sie die Förmchen und die Pancetta heraus, wenn alles Ihren Vorstellungen entspricht. Heiß servieren, wenn Sie mögen, mit frisch gebuttertem Toast.

Sellerie-Rösti mit Spiegeleiern

VORBEREITUNG: 10 Minuten **GARZEIT:** 20 Minuten **PORTIONEN:** 2

Ich habe dieses Rezept in das Kapitel »Frühstück und Brunch« gestellt, aber es eignet sich auch super für ein leckeres Mittag- oder ein leichtes Abendessen, ganz besonders, wenn man es mit ein wenig Chilisoße beträufelt. Wenn Ihr Airfryer groß genug ist, können Sie die Spiegeleier auch gleichzeitig mit den Rösti zubereiten – schlagen Sie die Eier einfach in eine leicht mit Öl gefettete Silikonform und stellen Sie diese während der letzten 5 Minuten der Garzeit in den Airfryer.

- ½ großer Kopf Knollensellerie, geschält und gerieben
- 3 mittelgroße Kartoffeln, geschält und gerieben
- 1 weiße Zwiebel, fein gehackt
- 1 TL Kreuzkümmelsamen
- 4 Eier, verquirlt
- Meersalz und schwarzer Pfeffer aus der Mühle
- Rucolasalat zum Servieren (optional)
- 4 Eier (ganz, für die Spiegeleier)

1. Geriebenen Sellerie und geriebene Kartoffeln in die Mitte eines sauberen Geschirrtuchs geben. Die Ecken zusammenschlagen, das Tuch fest zusammendrehen und über einem Spülbecken so viel Feuchtigkeit wie möglich aus dem Gemüse pressen. Anschließend den Inhalt des Tuches in eine Schüssel füllen.
2. Gehackte Zwiebel, Kreuzkümmel und verquirlte Eier zufügen und alles großzügig mit Salz und Pfeffer würzen. Die Zutaten gut miteinander vermengen.
3. Ein Stück Backpapier auf die Arbeitsfläche legen – es sollte ebenso groß sein wie der Boden des Garbehälters Ihres Airfryers. Die Sellerie-Kartoffel-Mischung in 2 oder 4 Teile aufteilen (je nachdem, ob dabei 2 große oder 4 kleine Rösti herauskommen sollen). Daraus runde Rösti formen, die auf das Backpapier gesetzt werden (ich drücke sie gern mithilfe eines Kuchenblechs ein bisschen zusammen, damit sie schön flach werden).
4. Das Backpapier mit den Rösti vorsichtig in den Airfryer legen und die Rösti bei 180 °C 20 Minuten braten, dabei nach der Hälfte der Garzeit einmal wenden. Die Rösti alle 5 Minuten kontrollieren und aus der Fritteuse nehmen, wenn sie knusprig und goldgelb gefärbt sind. Falls Sie sich für die kleineren Rösti entschieden haben, ist die Garzeit entsprechend kürzer.
5. Wenn die Rösti fast fertig sind, die Spiegeleier anbraten und bereiten Sie, wenn Sie Lust haben, einen Rucolasalat zu. Die Sellerie-Kartoffel-Rösti heiß servieren, mit je 1 Spiegelei krönen und den Salat als Beilage reichen.

Granola

VORBEREITUNG: 5 Minuten **GARZEIT:** 15 Minuten **ERGIBT:** 1 kleines Glas
ZUBEHÖR: Hitzebeständige Form, die in Ihren Airfryer passt

Mit Granola – von frischem Obst gekrönt oder mit Joghurt oder Milch übergossen – ist der optimale Start in den Tag gesichert. Die hier gemachten Angaben ergeben eine relativ kleine Portion, aber Sie können die Mengen jederzeit steigern – behalten Sie dabei aber die Größe Ihres Airfryers im Auge und bereiten Sie das Granola-Müsli bei Bedarf in mehreren Arbeitsgängen zu. In einem luftdicht verschlossenen Behälter hält sich die Mischung bis zu 1 Monat.

1 EL Pflanzenöl
3 EL Ahornsirup
2 EL Erdnussbutter (creamy oder crunchy)
200 g Haferflocken
25 g Kürbiskerne
25 g gehackte Walnüsse
50 g Mandelblättchen
25 g Kokosflocken
25 g getrocknete Cranberrys
Joghurt, frische Beeren und Honig zum Servieren (optional)

1. Eine hitzebeständige Form mit Backpapier auslegen und beiseitestellen, während Sie das Granola-Müsli vorbereiten.
2. In einer großen Schüssel Pflanzenöl, Ahornsirup und Erdnussbutter mischen. Dann Haferflocken, Kürbiskerne, gehackte Walnüsse und Mandelblättchen zufügen. Alles gut durchrühren, damit sich die Zutaten verbinden und gleichmäßig überziehen.
3. Die Mischung in die vorbereitete Form geben, vorsichtig glatt streichen und bei 180 °C etwa 10 Minuten im Airfryer rösten.
4. Den Airfryer nach 10 Minuten öffnen, die Kokosflocken und Cranberrys zufügen und die Mischung durchrühren. Nochmals 5 Minuten bei 180 °C im Airfryer garen, dann herausnehmen und abkühlen lassen.
5. Das Granola-Müsli nach Lust und Laune mit Joghurt, frischem Obst und ein wenig Honig servieren.

Frühstücks-Bruschetta mit Avocado und Feta

VORBEREITUNG: 5 Minuten **GARZEIT:** 8 Minuten **PORTIONEN:** 2

Diese Kreuzung zwischen Bruschetta und klassischem Avocado-Toast eignet sich perfekt fürs Frühstück oder ein leichtes Mittagsmahl und ist in weniger als 10 Minuten fertig. Damit ist dieser Leckerbissen auf keinen Fall nur dem Wochenende vorbehalten. Ich streue gern frischen Chili darüber, aber wenn Sie keine scharfen Gewürze mögen, lassen Sie den Chili einfach weg.

1 Ciabatta-Brötchen
1 reife Avocado, geschält, halbiert und entsteint
Meersalz und schwarzer Pfeffer aus der Mühle
2 reife Tomaten, in dünne Scheiben geschnitten
100 g Feta-Käse, zerkrümelt
Olivenöl zum Besprühen
1 rote Chilischote, fein geschnitten
1 Handvoll frisches Basilikum

1. Die obere Hälfte des Ciabatta-Brötchens abschneiden, dann beide Hälften in 2 gleiche Teile schneiden.
2. Das Avocadofruchtfleisch in eine Schüssel geben, mit Salz und Pfeffer würzen und mit einer Gabel bis zur gewünschten Konsistenz zerdrücken. Das Avocadomus auf die Schnittflächen der Ciabatta-Stücke streichen.
3. Jedes Ciabatta-Stück mit ein paar Tomatenscheiben belegen, dann mit Feta-Käse bestreuen und mit ein wenig Olivenöl besprühen.
4. Die Ciabatta-Stücke in den Airfryer geben. Bei 180 °C etwa 8 Minuten erhitzen, bis das Brot knusprig ist und der Feta eine goldene Färbung angenommen hat.
5. Bruschetta auf 2 Servierplatten anrichten und mit der fein zerkleinerten Chilischote und den zerpflückten Basilikumblättern bestreut servieren.

Mittagessen und leichte Mahlzeiten

Weg von der Sandwich-Routine

Hähnchenspieße mit Satay-Soße

VORBEREITUNG: 5 Minuten **GARZEIT:** 15 Minuten **PORTIONEN:** 2
ZUBEHÖR: Holzspieße, mindestens 30 Minuten in Wasser eingeweicht

Saftige Hähnchenspieße in einer mild-würzigen Erdnusssoße sind ein Küchenklassiker. Sie empfehlen sich als leichtes Mittagessen oder – mit einem Drink – als perfekte Vorspeise zum Auftakt für eine lockere Dinnerparty. Die Holzspieße eignen sich für den Airfryer, doch damit sie nicht ankohlen, sollte man sie vorher etwa 30 Minuten lang in Wasser einweichen.

2 Hähnchenbrüste ohne Haut und Knochen, in mundgerechte Stücke zerteilt
Meersalz und schwarzer Pfeffer aus der Mühle

Für die Satay-Soße:
3 EL creamy Erdnussbutter (wenn Sie nur stückige vorrätig haben, funktioniert das auch)
1 EL Sojasoße
Saft von ½ Limette
1 TL flüssiger Honig
200 ml Kokosmilch
1 TL Currypulver

1. Das mundgerecht zerkleinerte Hähnchenfleisch aufspießen, auf jeden Holzspieß kommen 4–5 Stücke. Mit Salz und Pfeffer würzen und die Spieße nebeneinander in den Garbehälter des Airfryers legen. Das Fleisch bei 200 °C etwa 15 Minuten garen, bis es zart und komplett durchgegart ist.

2. Während die Spieße in der Fritteuse garen, die Satay-Soße zubereiten. Dafür die Erdnussbutter in einem kleinen Topf auf mittlerer Stufe erhitzen. Anschließend Sojasoße, Limettensaft, Honig, Kokosmilch und Currypulver zufügen und unter ständigem Rühren weiter erhitzen, bis die Soße heiß, glatt und glänzend ist.

3. Die Satay-Soße auf 2 Servierschüsselchen verteilen und zusammen mit den Hähnchenspießen servieren. Das Fleisch nach Lust und Laune in die Soße dippen oder damit beträufeln.

Herzhafte Muffins mit Ziegenkäse und karamellisierten Zwiebeln

VORBEREITUNG: 10 Minuten **GARZEIT:** 15 Minuten **ERGIBT:** 4–6 Stück
ZUBEHÖR: 6 Muffinförmchen aus Silikon

Diese stilvollen Muffins ergeben – mit Salat serviert – ein perfektes leichtes Mittagsmahl, eignen sich aber auch super als Kanapees für eine Party. Da sie sich blitzschnell aus einer Handvoll Zutaten zubereiten lassen, sind sie eine geniale Option für stressfreie Einladungen. Um mir die Arbeit zu erleichtern, kaufe ich das karamellisierte Zwiebel-Chutney im Supermarkt, aber wenn Sie ein bisschen mehr Zeit haben, können Sie auch ein paar Zwiebeln langsam vor sich hin köcheln lassen, bis sie süß und klebrig sind, und diese für die Törtchen verwenden.

1 Packung Blätterteig
1 Glas karamellisiertes Zwiebel-Chutney oder karamellisierte Zwiebelmarmelade
1 Rolle weicher Ziegenkäse (etwa 125 g), zerkrümelt
1 Ei, verquirlt
Meersalz und schwarzer Pfeffer aus der Mühle
Salatblätter und Crema di Balsamico Glaze (Balsamico-Glasur) zum Servieren (optional)

1. Den Blätterteig auf seiner Unterlage aus Backpapier entrollen und mit einem runden Ausstecher (Ø 9 cm) kleine Kreise ausstechen. Den Teig möglichst komplett aufbrauchen.
2. Die Muffinförmchen aus Silikon mit den Blätterteigkreisen auskleiden, der Teig bedeckt hierbei nicht nur den Boden, sondern auch die Seitenwände der Förmchen.
3. Jeweils 1 TL karamellisiertes Zwiebel-Chutney auf dem Boden der Törtchen verteilen. Darauf jeweils eine Schicht aus zerkrümeltem Ziegenkäse geben. Diese Arbeitsschritte noch zweimal wiederholen, sodass jedes Törtchen mit 3 Lagen Zwiebel-Chutney und 3 Lagen Ziegenkäse gefüllt ist. Mit dem verquirlten Ei bestreichen und mit Meersalz und Pfeffer würzen.
4. Die gefüllten Törtchen im Airfryer bei 180 °C etwa 8–10 Minuten backen, bis der Teig knusprig ist und der Käse goldgelb schimmert.
5. Die Törtchen auf einer Platte oder einzelnen Tellern anrichten und heiß servieren. Nach Belieben mit einer Garnitur aus Salatblättern und Balsamico Glaze servieren.

Honig-Pastinaken-Suppe

VORBEREITUNG: 10 Minuten **GARZEIT:** 20 Minuten **PORTIONEN:** 2
ZUBEHÖR: Hitzebeständige Form, die in Ihren Airfryer passt; Mixer

Suppe im Airfryer zuzubereiten, mag etwas merkwürdig erscheinen, aber in der Tat eignet sich der Airfryer perfekt dazu, um blitzschnell Gemüse zu garen, das dann zusammen mit etwas Brühe im Mixer zu einer wärmenden Suppe verarbeitet wird. Diese Honig-Pastinaken-Suppe ist erdig, süß und köstlich – und damit perfekt für kalte Herbsttage. Im Kühlschrank hält sich die fertig gekochte Suppe bis zu 5 Tage.

- 3 Pastinaken, geschält und grob zerkleinert
- 1 EL Olivenöl
- 1 kleine weiße Zwiebel, geschält und grob zerkleinert
- 1 kleine Möhre, geschält und grob zerkleinert
- 2 Knoblauchzehen, geschält
- 2 EL flüssiger Honig
- 1 TL getrockneter Rosmarin
- 600 ml Gemüsebrühe
- 4 EL Crème double
- Meersalz und schwarzer Pfeffer aus der Mühle
- knuspriges Brot zum Servieren (optional)

1. Zerkleinerte Pastinaken und Olivenöl in die hitzebeständige Form legen und das Gemüse im Öl wenden. Die Form in den Airfryer stellen und das Gemüse bei 160 °C etwa 10 Minuten garen.
2. Wenn die Pastinaken halb gar sind, den Airfryer öffnen und Zwiebel, Möhre, Knoblauchzehen, Honig und getrockneten Rosmarin zufügen. Alles gut vermengen und nochmals 10 Minuten bei 160 °C garen, bis das Gemüse durchgängig zart und weich ist.
3. Das gegarte Gemüse zusammen mit der Gemüsebrühe und der Crème double in einen Mixer geben und alles großzügig mit Salz und Pfeffer würzen. Alle Zutaten so lange durchmixen, bis eine Suppe mit glatter Konsistenz entstanden ist.
4. Die Suppe auf Suppenschalen verteilen und heiß servieren. Dazu nach Belieben knuspriges Brot (zum Eintunken) reichen.

Tomaten-Basilikum-Suppe

VORBEREITUNG: 10 Minuten **GARZEIT:** 15 Minuten **PORTIONEN:** 2
ZUBEHÖR: Hitzebeständige Form, die in Ihren Airfryer passt; Mixer

Das ist ein wunderbares Rezept, um das Beste aus der sommerlichen Tomatenfülle zu machen. Die Suppe ist im Handumdrehen zubereitet und hält sich im Kühlschrank in einem luftdicht verschlossenen Behälter bis zu 5 Tage. Ist die Suppe abgekühlt, lässt sie sich auch gut einfrieren. Sie eignet sich auch als Pastasoße, dann sollte die Konsistenz allerdings ein bisschen dicker sein.

4 große reife Tomaten, in Stücke geschnitten
1 kleine rote Zwiebel, in Stücke geschnitten
2 Knoblauchzehen
1 guter Schuss Olivenöl
Meersalz und schwarzer Pfeffer aus der Mühle
1 TL Worcestershire-Soße
1 Handvoll Basilikumblätter
Gemüsebrühe (optional)

Zum Servieren:
geriebener Parmesan
knuspriges Brot

1. Tomaten- und Zwiebelstücke sowie den Knoblauch in die hitzebeständige Form legen. 1 Schuss Olivenöl über das Gemüse geben und alles großzügig mit Salz und Pfeffer würzen. Die Form in den Airfryer stellen und das Gemüse bei 160 °C etwa 10 Minuten garen. Danach den Gemüsemix durchrühren und die Form nochmals für weitere 5 Minuten in die Fritteuse stellen.

2. Die Form vorsichtig aus dem Airfryer nehmen und den Inhalt in den Behälter eines Mixers oder Smoothie-Makers umfüllen. Worcestershire-Soße und frisches Basilikum zufügen und alles zu einer glatten Suppe verarbeiten. Eventuell brauchen Sie zusätzlich etwas Gemüsebrühe, das hängt davon ab, wie saftig Ihre Tomaten sind und wie dick oder dünn Sie die Suppe mögen. Mit Salz und Pfeffer abschmecken und bei Bedarf nachwürzen.

3. Die Suppe auf Schälchen verteilen und mit geriebenem Parmesan bestreut und knusprigem Brot servieren.

Würzige Maispuffer

VORBEREITUNG: 10 Minuten **GARZEIT:** 15 Minuten **PORTIONEN:** 2 (als leichtes Mittagsmahl) **ZUBEHÖR:** 1 große Silikonform (optional)

Ich liebe diese Puffer – sie sind wirklich lecker und lassen sich gut zusammen mit den Kids zubereiten. Falls ein paar Puffer übrig bleiben sollten, kann man sie am nächsten Tag ganz einfach aufwärmen, sie schmecken dann noch genauso gut wie am Vortag. Meine Familie mag sie ein bisschen schärfer, aber Sie können den Chili natürlich auch weglassen oder die Menge reduzieren. Sie brauchen für dieses Gericht nicht unbedingt eine Silikonform, aber dadurch bleibt Ihr Airfryer sauber und das lästige Abwaschen bleibt Ihnen erspart, was ich immer sehr schätze!

1 Dose (200 g) Zuckermais, abgegossen
5 Frühlingszwiebeln, geputzt und in dünne Ringe geschnitten
1 rote Chilischote, fein geschnitten, oder nach Geschmack (etwas davon zum Bestreuen zurücklegen)
1 EL Olivenöl
1 Ei, verquirlt
60 g Mehl
1 TL Backpulver
Meersalz und schwarzer Pfeffer aus der Mühle
1 kleiner Bund frische Petersilie, Blättchen abgepflückt und gehackt

Für die Sriracha-Mayo:

2 EL Mayonnaise
2 TL Sriracha-Soße (oder Menge nach Geschmack)

1. In einer großen Schüssel Zuckermais, Frühlingszwiebeln und Chilischote miteinander vermengen. Das Olivenöl und das verquirlte Ei zufügen und alles gut durchrühren.
2. Mehl und Backpulver in die Schüssel sieben und großzügig mit Salz und Pfeffer würzen. Alle Zutaten gut miteinander verrühren.
3. Die Silikonform bzw. den Garbehälter des Airfryers mit Backpapier auskleiden. Mit den Händen jeweils 1 knappe Handvoll Teig zu einem runden Puffer formen. Auf diese Weise den gesamten Teig verarbeiten. Die Puffer auf das Backpapier legen und in den Airfryer geben. Je nachdem, wie groß Ihr Airfryer ist, müssen Sie die Puffer eventuell in mehreren Arbeitsgängen garen.
4. Die Maispuffer bei 180 °C etwa 15 Minuten backen, bis sie knusprig geworden sind und eine goldgelbe Färbung angenommen haben. Die Puffer dabei nach der Hälfte der Garzeit wenden.
5. Während die Maispuffer garen, die würzige Sriracha-Mayo zubereiten. Dafür Mayonnaise und Sriracha-Soße in einer kleinen Schüssel miteinander verrühren.
6. Die Maispuffer heiß mit frisch gehackter Petersilie und in feine Ringe geschnittenem Chili bestreut servieren. Dazu ein Schälchen mit Sriracha-Mayo zum Dippen auf den Tisch stellen.

Pikante Paprika-Garnelen-Spießchen

VORBEREITUNG: 10 Minuten, plus Zeit zum Marinieren **GARZEIT:** 8–10 Minuten
PORTIONEN: 2 **ZUBEHÖR:** Holzspieße, mindestens 30 Minuten in Wasser eingeweicht

Wenn bei mir alles nach Plan läuft, lasse ich meine Riesengarnelen gern über Nacht im Kühlschrank durchziehen. Reicht die Zeit dafür aber nicht aus, ist es wirklich kein Problem, sie erst eine gute Stunde vor dem Essen zuzubereiten – sie sind dann immer noch superschmackhaft.

165 g rohe Riesengarnelen (King Prawns)
1 rote Paprikaschote, entkernt und in etwas größere Quadrate geschnitten
1 Knoblauchzehe, geschält und gerieben
1 rote Chilischote, fein gewürfelt, mehr nach Geschmack
1 TL Paprikapulver
1 Limette
Meersalz und schwarzer Pfeffer aus der Mühle
Olivenöl-Spray

Zum Servieren:
2 Mini-Tortilla-Wraps
1 Schale Brunnenkresse

1. In einer großen Schüssel Riesengarnelen, Paprikaschote, Knoblauch, Chilischote und Paprikapulver vermischen. Eine Hälfte der Limette auspressen und den Saft in die Schüssel geben, dann alles mit Salz und Pfeffer würzen. Alle Zutaten gründlich miteinander vermengen, damit sich die Garnelen und die Paprikaschote mit den Gewürzen überziehen. Mögen Sie das Gericht ein bisschen schärfer, geben Sie mehr Chili hinein – passen Sie die Zutaten immer Ihren persönlichen Vorlieben an. Die Mischung im Kühlschrank mindestens 1 Stunde durchziehen lassen, gern auch über Nacht.

2. Nach dem Marinieren die Riesengarnelen und Paprikastücke auf die Holzspieße stecken, dabei immer zwischen Garnele und Paprika abwechseln. Die Spieße mit etwas Öl besprühen und in den Airfryer legen. Bei 180 °C etwa 8–10 Minuten backen, bis alles durchgegart und gebräunt ist. Da jeder Airfryer leicht unterschiedlich arbeitet, empfiehlt es sich immer, das Kochgut während des Garprozesses zu kontrollieren und die Zeit gegebenenfalls anzupassen.

3. Die Spieße auf den Mini-Tortilla-Wraps anrichten und mit Brunnenkresse-Salat reichen. Die restliche Limettenhälfte über den Spießchen auspressen, um zusätzliche Säure ins Spiel zu bringen.

Mini-Quiches ohne Teigboden

VORBEREITUNG: 5 Minuten **GARZEIT:** 10 Minuten **PORTIONEN:** 4
ZUBEHÖR: 4 hitzebeständige Keramikförmchen oder große Muffinförmchen aus Silikon

Diese Mini-Quiches rangieren irgendwo zwischen einer Quiche und einem gebackenen Omelett. Sie eignen sich perfekt für ein leckeres Mittagessen, wenn Sie noch Eier im Kühlschrank haben – und unterschiedliches Gemüse, das aufgebraucht werden sollte. Ich schlage hier eine Füllung aus Sprossenbrokkoli vor, aber variieren Sie in diesem Punkt nach Herzenslust und greifen Sie zu dem, was bei Ihnen vorrätig ist. Schinken, Chorizo, Zucchini oder Spinat sind hier überaus willkommene Ergänzungen!

4 Eier
80 g Cheddar-Käse, gerieben
1 EL Petersilie, gehackt
Meersalz und schwarzer Pfeffer aus der Mühle
100 g violetter Sprossenbrokkoli, grob gehackt
Spinat-Brunnenkresse-Salat zum Servieren (optional)

1. Die Eier in eine große Schüssel geben und gut miteinander verquirlen. Käse und Petersilie zugeben und alles großzügig mit Salz und Pfeffer würzen. Anschließend die Masse erneut durchschlagen.

2. Gehackten Sprossenbrokkoli (Sie können die Füllung auch mit anderen Zutaten zubereiten) gleichmäßig auf die Keramik- bzw. Silikonförmchen verteilen, dann die Eier-Käse-Mischung über das Gemüse in die Förmchen gießen.

3. Die Förmchen in den Airfryer stellen und die Mini-Quiches bei 190 °C etwa 10 Minuten garen, bis sich die Eiermischung gesetzt hat. Sind die Eier in der Mitte noch flüssig, die Quiches weitere 5 Minuten im Airfryer lassen, bis die Eier fest und komplett durchgegart sind.

4. Haben Sie die Quiches in Keramikförmchen zubereitet, stellen Sie diese einfach auf den Tisch. Mit Silikonförmchen gehen Sie anders vor: Stürzen Sie die Quiches in diesem Fall auf Teller. Auf jeden Fall sollten Sie das Gericht heiß servieren, mit einem Spinat-Brunnenkresse-Salat als Beilage.

Hausgemachte Fischstäbchen

VORBEREITUNG: 10 Minuten **GARZEIT:** 10–12 Minuten **PORTIONEN:** 2 **ZUBEHÖR:** Mixer

Schlichte Fischstäbchen – die Rettung aller Eltern – werden in diesem Rezept zu einem Mittagessen der Extraklasse aufgewertet. Hier lässt sich altbackenes Brot perfekt für die Panade verwenden.

2 Kabeljaufilets, ohne Haut und Gräten (jeweils etwa 150 g)
Meersalz und schwarzer Pfeffer aus der Mühle
3 Scheiben Brot (gern leicht altbacken)
60 g Mehl
2 Eier, verquirlt

Für die Fischstäbchen-Sandwiches:
1 knuspriges Baguette
Butter
Mayonnaise
Brunnenkresse
1 Zitrone zum Auspressen

1. Die Kabeljaufilets auf ein Schneidebrett legen, mit Küchenpapier trocken tupfen und auf beiden Seiten mit ein wenig Salz und Pfeffer würzen. Nun die Filets zu »Fischstäbchen« schneiden. Sie dürfen gern ein bisschen größer ausfallen als die im Laden gekauften – ich versuche immer, aus jedem Filet 3–4 Fischstäbchen herauszubekommen.

2. Das Brot in die Küchenmaschine oder den Mixer geben, großzügig mit Salz und Pfeffer würzen und zu feinen Krümeln verarbeiten.

3. 3 tiefe Teller auf der Arbeitsfläche anordnen. In den ersten kommt das Mehl, in den zweiten kommen die verquirlten Eier, in den dritten die Panade aus gewürzten Brotkrumen.

4. Die Fischstäbchen nacheinander zuerst im Mehl, dann in den verquirlten Eiern und in den Brotkrumen wenden. Darauf achten, dass die Fischstäbchen komplett mit Panade ummantelt sind.

5. Die so panierten Fischstäbchen in den Garbehälter des Airfryers legen. Die Garzeit beträgt bei 190 °C etwa 10–12 Minuten, nach der Hälfte der Zeit sollten die Fischstäbchen gewendet werden. Sie sind fertig, wenn die Panade eine goldgelbe Färbung angenommen hat und der Fisch vollständig durchgegart ist. (Wenn Sie ein digitales Fleischthermometer haben, achten Sie darauf, dass die Kerntemperatur im Inneren der Fischstäbchen 63 °C beträgt.)

6. Während die Fischstäbchen garen, das Baguette quer halbieren. Dann die Hälften längs aufschneiden, jeweils mit Butter und Mayonnaise bestreichen und mit Brunnenkresse bestreuen. Die fertigen Fischstäbchen darauf anrichten, mit ein wenig Zitronensaft beträufeln und sofort servieren.

Panierte Garnelen mit Knoblauch-Mayonnaise

VORBEREITUNG: 10 Minuten **GARZEIT:** 8 Minuten **PORTIONEN:** 2
ZUBEHÖR: 1 große Silikonform (optional)

Dieser beliebte Appetithappen lässt sich blitzschnell im Airfryer zubereiten. Durch die kurze Garzeit bleiben die Garnelen innen prall und saftig, während sie außen von einer golden schimmernden, knusprigen Kruste überzogen werden. Servieren Sie sie mit einem kräftigen hausgemachten Knoblauch-Mayo-Dip.

60 g Mehl
1 TL Knoblauchpulver
1 TL Paprikapulver
Meersalz und schwarzer Pfeffer aus der Mühle
1 Ei, verquirlt
60 g Panko (japanisches Paniermehl)
8 große Garnelen, geschält, aber mit Schwanz

Für die Knoblauch-Mayonnaise:

2 gehäufte EL Mayonnaise
2 Knoblauchzehen, gerieben
1 Spritzer Zitronensaft

1. Zuerst alles für die Fertigung in Serie vorbereiten: Dazu das Mehl in einen tiefen Teller geben und Knoblauchpulver, Paprikapulver sowie Salz und Pfeffer (nach Geschmack) untermischen. Das verquirlte Ei in einen zweiten und das Paniermehl in einen dritten tiefen Teller geben.

2. Jede Garnele zunächst im Mehl wälzen, dann in das verquirlte Ei tauchen und zum Schluss im Paniermehl wenden, dabei darauf achten, dass die Garnelen in jedem Arbeitsschritt gut mit der jeweiligen Zutat überzogen sind. Die fertig panierten Garnelen in den Airfryer geben, entweder direkt auf den Boden des Garbehälters oder in einer Silikonform. Auf jeden Fall darauf achten, dass die Garnelen nebeneinander und nicht übereinander liegen. Bei 190 °C etwa 5–8 Minuten (je nach Größe) im Airfryer lassen, bis sie vollständig durchgegart sind und sich goldgelb gefärbt haben.

3. Während die Garnelen garen, die Knoblauch-Mayonnaise zubereiten. Dafür die Mayonnaise in eine kleine Schüssel geben und mit geriebenem Knoblauch und Zitronensaft verrühren. Alles nach Belieben abschmecken und die Mayo zu den Garnelen servieren.

Gefüllte Kartoffelhälften

VORBEREITUNG: 10 Minuten **GARZEIT:** 40 Minuten **PORTIONEN:** 2

Das ist die perfekte Frischzellenkur für Kartoffeln, die hinten im Kühlschrank vor sich hin schlummern und dringend verarbeitet werden sollten. Möchten Sie dieses Gericht vegetarisch zubereiten, lassen Sie einfach die Chorizo weg. Wenn Sie ein wenig rauchiges Aroma hineinbringen wollen, geben Sie dem Kartoffelmix eine Prise Paprikapulver zu.

4 mittelgroße Kartoffeln, halbiert
Olivenöl zum Besprühen
12 Scheiben Chorizo
80 g Cheddar-Käse, gerieben
4 Kirschtomaten, aufgeschnitten
1 kleine rote Zwiebel, in dünne Ringe geschnitten
2 EL Sauerrahm zum Servieren
gehackten Schnittlauch zum Garnieren

1. Die Kartoffelhälften mit der Schnittseite nach oben in den Airfryer legen. Leicht mit Olivenöl besprühen, dann bei 180 °C etwa 20–30 Minuten garen, bis die Kartoffeln innen weich und die Schale knusprig ist. Beiseitestellen und so lange abkühlen lassen, bis man sie problemlos anfassen kann.

2. Das weiche Innere der abgekühlten Kartoffelhälften mit einem Löffel vorsichtig aus der Schale lösen (die Schalen sollten dabei intakt bleiben, sie werden noch benötigt) und in eine Schüssel geben. Die Kartoffeln leicht mit einer Gabel zerdrücken, dann die Chorizo-Scheiben und die Hälfte des Cheddar-Käses zufügen und alles gut vermischen.

3. Die Hälfte der Mischung mit einem Löffel wieder zurück in die Kartoffelschalen geben und die Oberflächen glatt streichen. Jede Hälfte mit einer Schicht Tomaten- und einer Schicht Zwiebelringen belegen. Mit dem Rest der Kartoffelmischung krönen und den restlichen Käse darüberstreuen.

4. Die gefüllten Kartoffelhälften wie zuvor in den Airfryer legen und bei 180 °C etwa 5–8 Minuten überbacken, bis der Käse goldgelb schimmert und leise blubbert.

5. Die gefüllten Kartoffeln auf Tellern oder einer Servierplatte anrichten und mit einem Schälchen Sauerrahm und gehacktem Schnittlauch als Garnitur servieren.

Pizza-Bagel

VORBEREITUNG: 5 Minuten **GARZEIT:** 5 Minuten **PORTIONEN:** 2

Mit ihrem unverwechselbaren Pizzageschmack sind diese unkomplizierten Bagel der Hit bei Kindern wie Erwachsenen. Wenn Sie die Pizza-Bagel mit Kindern zubereiten, lassen Sie die Kleinen nach Lust und Laune über das Topping entscheiden und verbrauchen Sie dabei das Gemüse, das noch im Kühlschrank vorrätig ist. Ich greife hier zu rotem Pesto, Mozzarella und Chorizo, aber Tomaten, Paprika und Mais eignen sich auch perfekt als Ergänzung, also experimentieren Sie nach Herzenslust.

2 Bagel, halbiert
2 EL rotes Pesto
1 Handvoll frische Basilikumblätter
80 g geriebener Mozzarella-Käse
70 g Chorizo, in Scheiben geschnitten
1 TL Chiliöl

1. Die Bagel mit den Schnittflächen nach oben auf ein Schneidbrett legen. Jede Bagel-Hälfte mit ½ EL Pesto bestreichen, dann mit etwas Basilikum bestreuen. Den Mozzarella gleichmäßig auf den Bagel-Hälften verteilen, dann jede Hälfte mit einigen Chorizo-Scheibchen krönen.
2. Die Pizza-Bagel in den Garbehälter des Airfryers legen und bei 180 °C etwa 5 Minuten überbacken, bis sich der Mozzarella goldgelb gefärbt hat und leise blubbert. Die Chorizo sollte nun durchgegart sein. (Falls Ihr Airfryer klein ist, müssen Sie diesen Arbeitsschritt eventuell in mehreren Arbeitsgängen erledigen.)
3. Die Pizza-Bagel auf Tellern anrichten, mit dem restlichen Basilikum bestreuen und mit ein wenig Chiliöl beträufelt servieren.

Blätterteig-Pizza-Taschen

VORBEREITUNG: 10 Minuten **GARZEIT:** 10 Minuten **PORTIONEN:** 2 **ZUBEHÖR:** Backpapier

Ein schnelles, einfaches Mittagessen, zu dem man am besten Salat reicht. Ich verwende hierfür nicht die Mozzarella-Kugeln, da sie leicht wässrig werden und den Boden eventuell durchfeuchten. Stattdessen halte ich Ausschau nach trockenerem, stangenförmigem »Pizza-Mozzarella« oder einer Packung mit schon fertig geriebenem Mozzarella.

½ Packung Blätterteig
Mehl für die Arbeitsfläche
2 TL rotes Pesto
120 g geriebener Mozzarella
6 Scheiben Chorizo, fein zerkleinert
3–5 sonnengetrocknete Tomaten, fein zerkleinert
1 TL getrockneter Oregano
1 Ei, verquirlt

Zum Servieren:
1 Handvoll frischer Basilikum, fein zerkleinert
Chiliöl
Rucola-Brunnenkresse-Salat

1. Den Blätterteig auf einer leicht bemehlten Arbeitsfläche entrollen und halbieren, um 2 Rechtecke herauszubekommen. Die beiden Rechtecke jeweils auf ein Stück Backpapier legen. Anschließend bei jedem Rechteck die 4 Kanten so nach innen umschlagen, dass ein Rand entsteht, der als Barriere für die Füllung dient.

2. Den Boden der Rechtecke gleichmäßig mit je 1 TL rotem Pesto bestreichen und mit geriebenem Mozzarella und Chorizo belegen. Abschließend mit sonnengetrockneten Tomaten und Oregano bestreuen.

3. Die Ränder der Blätterteig-Pizza-Taschen mit dem verquirlten Ei bestreichen und die Törtchen anschließend vorsichtig in den Airfryer legen, entweder direkt auf den Boden des Garbehälters oder auf einer Lage Backpapier. Bei 190 °C etwa 10 Minuten backen, bis die Törtchen fertig gegart sind und golden schimmern.

4. Die fertigen Törtchen mit dem zerkleinerten frischen Basilikum bestreuen, mit einem Hauch Chiliöl beträufeln und mit einem Rucola-Brunnenkresse-Salat als servieren.

Lachs auf Roggenbrot mit Frischkäse und Schnittlauch

VORBEREITUNG: 10 Minuten **GARZEIT:** 20 Minuten **PORTIONEN:** 2
ZUBEHÖR: 1 große Silikonform

Nussig schmeckendes Roggenbrot, cremiger Frischkäse und zarter Lachs sind eine geniale Kombination und lassen sich blitzschnell in ein leckeres Sonntagsmittagessen verwandeln.

2 Scheiben Roggenbrot
1 Zitrone, in Scheiben geschnitten
2 Lachsfilets
2 EL Frischkäse
ein paar Stängel Schnittlauch, zerkleinert
Meersalz und schwarzer Pfeffer aus der Mühle

1. Zuerst die beiden Roggenbrotscheiben in den Airfryer legen und bei 200 °C etwa 3 Minuten rösten, dann herausnehmen und beiseitestellen. (Wenn Sie möchten, können Sie das Brot natürlich auch im Toaster rösten.)

2. Die Silikonform mit den Zitronenscheiben auslegen und die Lachsfilets darauflegen. Die Form in den Airfryer stellen und den Lachs bei 180 °C etwa 15 Minuten garen, bis er vollkommen durchgegart und nicht mehr glasig ist.

3. Die gerösteten Brotscheiben jeweils mit 1 EL Frischkäse bestreichen. Die fertig gegarten Lachsfilets aus dem Airfryer nehmen und auf die Brotscheiben legen. Mit Schnittlauch bestreuen, nach Geschmack mit Salz und Pfeffer würzen und genießen.

Lachsfrikadellen mit Zitronen-Petersilien-Mayo

VORBEREITUNG: 10 Minuten **GARZEIT:** 10 Minuten **PORTIONEN:** 2–4

Fischfrikadellen sind eine geniale Option für ein schnelles Mittag- oder Abendessen unter der Woche. Ich greife hier zu Lachs, aber Sie können auch Thunfisch aus der Dose nehmen, wenn Ihnen das lieber ist. Können Sie keine schon fertig gegarten Lachsfilets auftreiben oder möchten Sie den Fisch lieber frisch zubereiten, garen Sie die rohen Filets einfach 15 Minuten lang bei 180 °C im Airfryer, bevor Sie die Zubereitung der Fischfrikadellen in Angriff nehmen.

2 Lachsfilets, gegart
1 Bund Frühlingszwiebeln, fein gehackt
½ TL Paprikapulver
45 g Panko (japanisches Paniermehl)
1 großes Ei, verquirlt
Saft und Schale von 1 Zitrone
4 EL Mayonnaise
1 Handvoll frische Petersilie, gehackt
Meersalz und schwarzer Pfeffer aus der Mühle
grüner Salat zum Servieren

1. Von den Lachsfilets die Haut abziehen und entsorgen, dann das blättrig zerfallende Fischfleisch in eine große Schüssel geben. Frühlingszwiebeln, Paprikapulver, Paniermehl, Ei, Zitronenschale, die Hälfte des Zitronensaftes, 2 EL der Mayonnaise sowie den Großteil der gehackten Petersilie zufügen und alles großzügig mit Salz und Pfeffer würzen. Die Zutaten gut miteinander vermengen.
2. Die Mischung in 4 gleich große Portionen aufteilen, dann von Hand aus jeder Portion 1 runde Fischfrikadelle formen. Die Frikadellen in den Garbehälter des Airfryers legen und bei 190 °C etwa 10 Minuten garen, die Frikadellen dabei nach der Hälfte der Garzeit einmal wenden.
3. Während die Fischfrikadellen garen, eine Zitronen-Petersilien-Mayo zubereiten. Dafür die restliche Mayonnaise mit dem restlichen Zitronensaft und der restlichen Petersilie verrühren.
4. Die durchgegarten Fischfrikadellen auf Tellern anrichten und mit der Zitronen-Petersilien-Mayo und einem grünen Salat als Beilage servieren.

Mini-Muffins mit Veggie-Würstchen

VORBEREITUNG: 20 Minuten **GARZEIT:** 15 Minuten **ERGIBT:** 4–6 Stück
ZUBEHÖR: 10-cm-Ausstecher und kleine Muffinförmchen aus Silikon

Diese Mini-Muffins bieten sich für eine Party oder ein Picknick an – lecker sind sie aber jederzeit! Ich taue meine Würstchen am Vorabend auf und schneide sie in kleine Stücke.

1 Packung Blätterteig
Mehl für die Arbeitsfläche
Olivenöl-Spray
Chutney nach Wahl
3 Veggie-Würstchen, grob zerkleinert
1 Ei, verquirlt

1. Den Blätterteig auf einer mit Mehl bestäubten Arbeitsfläche entrollen und mit dem Ausstecher Kreise von Ø 10 cm ausstechen. Den Teig möglichst komplett aufbrauchen. Die Muffinförmchen mit etwas Olivenöl aussprühen, damit der Teig nicht am Silikon haften bleibt. Anschließend die Teigkreise so in die Förmchen drücken, dass Boden und Wände ausgekleidet sind.

2. Auf den Boden jedes Muffinförmchens 1 TL Ihres Lieblings-Chutneys geben. Nun die zerkleinerten Veggie-Würstchen gleichmäßig auf die Förmchen verteilen und die Oberflächen mit dem verquirlten Ei bestreichen.

3. Die Förmchen in den Airfryer stellen und die Mini-Muffins bei 180 °C etwa 15 Minuten garen, bis der Teig knusprig geworden ist, goldgelb schimmert und die Würstchen durchgegart sind. Die Muffins nach der Hälfte der Garzeit kontrollieren. Eventuell müssen Sie die Teilchen in mehreren Arbeitsgängen backen, dies hängt von der Größe Ihres Airfryers ab.

Birnen mit Feta und Roter Bete

VORBEREITUNG: 5 Minuten **GARZEIT:** 20 Minuten **PORTIONEN:** 2

Süße, salzige und erdige Geschmackskomponenten ergänzen sich perfekt und sind hier in einem leichten Mittagsmahl kombiniert, das etwas ganz Besonderes und zudem sehr schnell zubereitet ist. Möchten Sie diese Birnen als Vorspeise anbieten, rechnen Sie eine halbe Birne pro Person, dann reicht dieses Rezept für vier Gäste.

2 Birnen, geschält, der Länge nach halbiert, Kerngehäuse entfernt
1 gekochte und geschälte Rote Bete, gerieben
100 g Feta-Käse, zerkrümelt
Balsamico zum Beträufeln
Rucola-Salat zum Servieren (optional)

1. Die Birnenhälften mit der Schnittfläche nach oben in den Garbehälter des Airfryers legen. Die Höhlung, in der das Kerngehäuse saß, jeweils mit geriebener Roter Bete und zerkrümeltem Feta-Käse füllen.
2. Die Birnen bei 160 °C etwa 20 Minuten garen, bis das Fruchtfleisch weich und der Käse goldgelb gefärbt ist.
3. Die gefüllten Birnenhälften auf Tellern anrichten und mit etwas Balsamico beträufeln. Mit einem Rucola-Salat als Beilage servieren.

Gefüllte Zucchini-Schiffchen

VORBEREITUNG: 15 Minuten **GARZEIT:** 20 Minuten **PORTIONEN:** 2–4

Dieses Rezept eignet sich super als Beilage zur jedem anderen Gericht – oder auch als leichtes Mittagessen für zwei Personen. Sie können daraus ganz leicht ein veganes Essen zaubern, ersetzen Sie in diesem Fall einfach den Mozzarella durch eine vegane Option.

2 Zucchini
4 sonnengetrocknete Tomaten, fein gehackt
1 Handvoll frische Basilikumblätter, gehackt
1 frische Chilischote, gehackt
Meersalz und schwarzer Pfeffer aus der Mühle
120 g geriebener Mozzarella

1. Die Zucchini der Länge nach halbieren. Das Fruchtfleisch mit einem Esslöffel herauskratzen und in eine Schüssel geben. Die fein gehackten sonnengetrockneten Tomaten, das Basilikum und die fein zerkleinerte Chilischote zufügen und alles mit Salz und Pfeffer würzen. Nun die Mischung in die Zucchini-Schiffchen füllen und mit dem geriebenen Mozzarella bestreuen.

2. Die gefüllten Zucchini-Hälften in den Airfryer stellen und bei 160 °C etwa 20 Minuten (je nach Größe der Zucchini) garen, bis die Zucchini weich sind, der Käse geschmolzen und die Oberfläche goldgelb gefärbt ist.

Mit Gemüse-Couscous gefüllte Fleischtomaten

VORBEREITUNG: 20 Minuten **GARZEIT:** 20 Minuten **PORTIONEN:** 2
ZUBEHÖR: Große Silikon-Einlage (Silikon-Liner) für Airfryer

Diese gefüllten Tomaten ergeben ein wirklich gesundes Mittagessen und sind ein perfektes Gericht für die wärmeren Monate des Jahres, wenn eine Fülle von Tomaten auf Verarbeitung wartet. Top sind die gefüllten Schönheiten auch als wunderbar erfrischende Vorspeise bei einer Dinnerparty im Garten.

2 Fleischtomaten
150 g Couscous
1 Brühwürfel (Gemüsebrühe)
1 EL Olivenöl
1 kleine rote Zwiebel, fein gewürfelt
1 kleine gelbe Paprikaschote, entkernt und gewürfelt
½ TL Paprikapulver
½ TL Knoblauchgranulat
Meersalz und schwarzer Pfeffer aus der Mühle
2 EL glatte Petersilie, fein gehackt
½ Handvoll Panko (japanisches Paniermehl)

Zum Servieren:
1 TL Pinienkerne
Balsamico zum Beträufeln
gemischter grüner Salat

1. Den obersten Teil der Fleischtomaten abschneiden, dabei schräg um den Stiel herum schneiden und den Stielansatz entfernen, sodass am Rand ein etwa 2 cm breiter Spalt bleibt. Mit einem Löffel das Innere der Tomaten aushöhlen – ich hebe das Fruchtfleisch für eine spätere Suppe oder Pastasoße auf.

2. Den Couscous nach Packungsanweisung zubereiten, dabei zuerst den Brühwürfel im heißen Wasser auflösen. Couscous abdecken, beiseitestellen und durchziehen lassen.

3. Inzwischen das Olivenöl in eine Bratpfanne geben. Zwiebel und Paprikaschote etwa 5 Minuten andünsten, bis das Gemüse anfängt, weich zu werden. Nun Paprikapulver und Knoblauchgranulat zufügen und alles noch ein paar weitere Minuten köcheln lassen, dann nach Geschmack mit Salz und Pfeffer würzen.

4. Den Couscous mit einer Gabel auflockern, dann die Gemüsemischung und die gehackte Petersilie zufügen und alles gut verrühren. Die Füllung gleichmäßig auf die ausgehöhlten Tomaten verteilen und am Ende mit dem Paniermehl bestreuen.

5. Die Tomaten in eine große Silikon-Einlage (Silikon-Liner) setzen und in den Airfryer stellen. Die gefüllten Tomaten bei 180 °C etwa 15 Minuten garen, bis sie vollständig durcherhitzt sind und die Panko-Kruste goldgelb schimmert. Die Tomaten vorsichtig aus dem Airfryer nehmen, mit ein paar Pinienkernen bestreuen und mit etwas Balsamico beträufeln. Dazu passt ein knackiger grüner Salat.

Haupt-
gerichte

Herzhafte Mahlzeiten für die ganze Familie!

Würzige Chickennuggets

VORBEREITUNG: 10 Minuten **GARZEIT:** 20 Minuten **PORTIONEN:** 2 **ZUBEHÖR:** Backpapier

Bei uns zu Hause sind diese panierten Hähnchenteile ein Hit – sie kommen auf Wunsch meines Sohnes sehr häufig auf den Tisch, wenn er Freunde aus der Schule zu Besuch hat. Für die leckere Kruste nehme ich würzige Tortilla-Chip, aber wenn Sie eine mildere Variante bevorzugen, greifen Sie zu einer weniger gewürzten Panade.

2 Hähnchenbrüste, ohne Haut und Knochen
Meersalz und schwarzer Pfeffer aus der Mühle
1 große Packung würzige Tortilla-Chips
2 TL Chilipulver
120 g Mehl
2 Eier
Soßen, Wraps und Salat zum Servieren (optional)

1. Die Hähnchenbrüste auf ein Schneidbrett legen und in lange Streifen schneiden, salzen und pfeffern. Anschließend beiseitestellen.

2. Um die Kruste herzustellen, die Tortilla-Chips fein zerkrümeln – dafür die Chips in der Tüte mit einem Nudelholz zerdrücken. Alternativ kann man sie auch in die Küchenmaschine geben und zu feinen Krümeln verarbeiten. Die Krümel in einen tiefen Teller geben. 2 weitere tiefe Teller auf die Arbeitsfläche stellen. In den ersten kommt das mit Chilipulver vermischte Mehl, in den zweiten werden die Eier geschlagen und gut miteinander verquirlt.

3. Die Hähnchenstreifen nacheinander zuerst im Mehl wenden, anschließend in den verquirlten Eiern und zum Schluss in den Tortilla-Chips-Bröseln. Darauf achten, dass die Streifen in jedem Arbeitsschritt gut mit der jeweiligen Zutat überzogen sind.

4. Den Boden des Garbehälters mit Backpapier auskleiden und die panierten Hähnchenstreifen nebeneinander auf das Papier legen. Bei 180 °C etwa 10 Minuten im Airfryer garen, bis die Nuggets an der Oberfläche goldgelb gefärbt sind. Anschließend wenden und nochmals 10 Minuten garen. Je nach Größe der Fleischstücke kann der Garprozess ein wenig länger oder kürzer dauern. Wenn Sie kontrollieren möchten, ob das Fleisch bereits vollständig durchgegart ist, schneiden Sie ein größeres Stück in der Mitte durch. Alternativ können Sie hierfür auch ein digitales Fleischthermometer nutzen – die Kerntemperatur des gegarten Hähnchenstreifens sollte mindestens 75 °C betragen.

5. Die Nuggets heiß servieren und dazu verschiedene Dip-Soßen Ihrer Wahl reichen.

Knuspriger Chili-Tofu

VORBEREITUNG: 10 Minuten, plus Zeit zum Marinieren **GARZEIT:** 10–15 Minuten **PORTIONEN:** 2

Tofu nimmt Geschmackskomponenten wunderbar auf – geben Sie ihm daher ausreichend Zeit zum Durchziehen im Kühlschrank. Auf Neulinge wirkt Tofu vielleicht etwas abschreckend, aber die Würfel sind so knusprig, dass sogar die größten Zweifler schwach werden! Für vegane Gäste verwenden Sie einfach vegane Mayo.

1 Block Tofu (300 g)
1 TL Knoblauchsalz
1 TL Chilipulver
1 EL Sesamöl
60 g Maisstärke
gekochte Pasta zum Servieren
1 Bund Frühlingszwiebeln, fein geschnitten
1 EL geröstete Sesamsamen
1 frische Chilischote, fein gehackt
1 Limette, in Keile geschnitten
Sojasoße zum Beträufeln

Für die Sriracha-Mayo:
2 EL Mayonnaise
2 TL Sriracha-Soße oder Menge nach Geschmack

1. Den Tofu auf einem Schneidbrett mit einem scharfen Messer in mundgerechte Würfel schneiden. Die Tofuwürfel mit Küchenpapier trocken tupfen und in eine Schüssel geben.

2. In einer zweiten Schüssel Knoblauchsalz, Chilipulver und Sesamöl mischen. Die Würzmischung über den Tofu träufeln und alles gut vermengen. Die Schüssel zudecken und den Tofu im Kühlschrank mindestens 15 Minuten durchziehen lassen. Wenn Sie Zeit haben, können Sie ihn vor der weiteren Verarbeitung auch mehrere Stunden im Kühlschrank marinieren lassen.

3. Die Schüssel mit dem marinierten Tofu aus dem Kühlschrank nehmen und auf die Arbeitsfläche stellen. 1 großen flachen Teller danebenstellen und die Maisstärke darauf verteilen. Die Tofuwürfel nacheinander in der Maisstärke wenden, damit sie sich von allen Seiten damit überziehen. Die Würfel anschließend nebeneinander in den Garbehälter des Airfryers legen.

4. Den Tofu bei 200 °C etwa 10–15 Minuten im Airfryer garen, bis die Würfel knusprig und auf allen Seiten goldgelb gefärbt sind, dabei den Behälter nach der Hälfte der Garzeit kurz durchrütteln.

5. Während der Tofu gart, die Pasta nach Packungsanweisung zubereiten und die Sriracha-Mayo anrühren. Dafür die Zutaten in einer kleinen Schüssel miteinander verquirlen.

6. Die Tofuwürfel auf einem Pastabett anrichten und mit den Frühlingszwiebeln, dem Sesam und der Chili bestreuen. Dazu die Limetten zum Auspressen reichen. Vor dem Servieren das Gericht mit etwas Sojasoße beträufeln und mit einem Schälchen Sriracha-Mayo zum Dippen auf den Tisch bringen.

Rauchiger Kabeljau mit Grünkohl und Röstpaprika

VORBEREITUNG: 5 Minuten **GARZEIT:** 15 Minuten **PORTIONEN:** 2

Dieses All-in-One-Rezept ist super für eine leckere, gesunde Mahlzeit unter der Woche geeignet, die in weniger als 20 Minuten zubereitet ist. Weitere Pluspunkte: viel Geschmack und wenig Abwasch! Je nachdem, wie groß Ihre Kabeljaufilets und Ihr Airfryer sind, kann die Garzeit leicht variieren – kontrollieren Sie also vor dem Servieren, ob der Fisch vollständig durchgegart ist und schön blättrig zerfällt. Wenn Sie ganz auf Nummer sicher gehen wollen, nehmen Sie ein digitales Fleischthermometer und prüfen, ob der Fisch die richtige Kerntemperatur erreicht hat (Näheres dazu finden Sie auf Seite 32).

2 rote Paprikaschoten, Stielansätze und Kerne entfernt und in mundgerechte Stücke geschnitten
2 Kabeljaufilets ohne Haut und Gräten
1 TL Cayennepfeffer
1 TL geräuchertes Paprikapulver
Meersalz und schwarzer Pfeffer aus der Mühle
Olivenöl zum Besprühen
125 g zerkleinerter Grünkohl

Für den Dip:
Saft von 1 Zitrone
200 ml griechischer Joghurt
Meersalz und schwarzer Pfeffer aus der Mühle

1. Paprikastücke gleichmäßig auf dem Boden des Garbehälters verteilen und bei 200 °C etwa 5 Minuten garen.
2. Währenddessen die Kabeljaufilets auf ein Schneidbrett legen und mit Küchenpapier abtupfen, um die überschüssige Feuchtigkeit zu entfernen. Mit Cayennepfeffer und geräuchertem Paprikapulver bestreuen und großzügig mit Salz und Pfeffer würzen.
3. Nach 5 Minuten die Paprika im Garbehälter zur Seite schieben und die gewürzten Fischfilets in die Mitte legen. Alles leicht mit Öl besprühen und bei 200 °C etwa 6 Minuten garen.
4. Den Grünkohl abspülen und trocken tupfen, um jegliche überschüssige Feuchtigkeit zu entfernen. Nachdem die Fischfilets 6 Minuten im Airfryer waren, den Grünkohl zufügen und das Gericht weitere 3 Minuten garen, bis der Grünkohl knusprig und zart und der Fisch vollständig durchgegart ist.
5. Für den Dip Zitronensaft und Joghurt in einer kleinen Schüssel verrühren und nach Geschmack mit Salz und Pfeffer würzen.
6. Kabeljau, Paprika und Grünkohl auf 2 Tellern anrichten und heiß servieren. Die Joghurt-Zitronen-Soße zum Dippen und Beträufeln dazu reichen.

Gefüllte Auberginen mit Safran-Joghurt-Dip

VORBEREITUNG: 5 Minuten **GARZEIT:** 15 Minuten **PORTIONEN:** 2

Das ist ein vielseitiges Rezept, das sich anbietet, wenn Sie viel Gemüse zur Hand haben. Sie können gern die Paprika oder die Zucchini durch Champignons, Karotten oder ein anderes Gemüse ersetzen, das Sie vorrätig haben! Die Harissa-Pasta schenkt dem Gericht eine würzige Note. Passen Sie die Menge gerne nach Geschmack an.

1 Aubergine, längs halbiert
1 rote Zwiebel, grob gehackt
1 rote Paprikaschote, entkernt und grob gehackt
1 Zucchini, grob gehackt
1 TL Harissa-Paste
1 EL Olivenöl
Meersalz und schwarzer Pfeffer aus der Mühle
Olivenöl-Spray zum Kochen
2 EL Granatapfelkerne zum Garnieren
1 kleiner Bund frischer Koriander, Blättchen abgestreift und gehackt, zum Garnieren

Für den Safran-Joghurt-Dip:

1 Prise Safran (optional)
120 ml fettarmer griechischer Joghurt
Meersalz und schwarzer Pfeffer aus der Mühle

1. Die Aubergine mit der Schnittfläche nach oben auf ein Schneidbrett legen und einen Teil des Fruchtfleisches mit einem Löffel herauslösen. Ziel ist es, eine Höhlung zu schaffen, die das weitere Gemüse aufnimmt – nicht das gesamte Fruchtfleisch aus den »Schiffchen« entfernen.

2. Das ausgelöste Auberginenfruchtfleisch grob zerkleinern und zusammen mit der roten Zwiebel, der roten Paprika und der Zucchini in eine große Schüssel geben. Harissa-Paste und Olivenöl in die Schüssel geben und alle Zutaten gut miteinander vermengen, damit sich das Gemüse mit dem Öl überzieht. Mit Salz und Pfeffer würzen und erneut durchmischen. Den Gemüsemix mit einem Löffel in die ausgehöhlten Auberginenhälften geben und aufhäufen..

3. Die gefüllten Auberginen-Schiffchen in den Airfryer legen, mit etwas Olivenöl besprühen und bei 180 °C etwa 15–20 Minuten garen, bis das Gemüse vollständig durch ist.

4. Während die Auberginen garen, den Safran-Joghurt-Dip zubereiten. Den Safran mit 2 EL kochendem Wasser übergießen und ein paar Minuten ziehen lassen. Den Joghurt in ein Servierschüsselchen geben, mit Salz und Pfeffer würzen und mit dem Safranwasser übergießen. Alles gut miteinander verrühren.

5. Die Auberginen auf Tellern anrichten, mit Granatapfel und Koriander bestreuen und servieren. Dazu den Joghurt-Dip reichen.

Hähnchen-Gemüse-Kebab

VORBEREITUNG: 5 Minuten **GARZEIT:** 15–20 Minuten **PORTIONEN:** 2
ZUBEHÖR: 4 Holzspieße, mindestens 30 Minuten in Wasser eingeweicht

Diese Spieße sind eine perfekte Wahl, wenn Sie noch viel Gemüse im Kühlschrank haben, das dringend verbraucht werden sollte. Ich schlage hier als Zutaten Tomaten und Paprika vor, aber Champignons, Blumenkohl- bzw. Brokkoliröschen oder Zucchini- bzw. Auberginenstücke funktionieren in diesem Gericht genauso gut. Hähnchenkeulen sind preiswerter als Hähnchenbrust, stecken dabei voller Geschmack und bleiben im Airfryer schön saftig – daher sind sie nicht nur eine ökonomische, sondern auch eine richtig leckere Option!

2 Hähnchenkeulen ohne Haut und Knochen, in mundgerechte Stücke zerteilt
1 gelbe Paprikaschote, entkernt und in mundgerechte Stücke zerteilt
4 Kirschtomaten
Meersalz und schwarzer Pfeffer aus der Mühle
Olivenöl zum Besprühen (optional)
grüner Salat nach Wahl zum Servieren

Für die Sriracha-Mayo:
2 EL Mayonnaise
2 TL Sriracha-Soße (oder Menge nach Geschmack)

1. Hähnchenfleisch, Paprikastücke und ganze Tomaten auf die Spieße stecken, dabei zwischen Fleisch und Paprika bzw. Tomaten abwechseln. Mit Salz und Pfeffer würzen und die Spieße mit ein wenig Olivenöl (falls verwendet) besprühen.
2. Die Spieße nebeneinander auf den Boden des Garbehälters legen und bei 180 °C etwa 15–20 Minuten garen, bis das Gemüse weich und das Hähnchenfleisch komplett durchgegart ist. Die Spieße nach der Hälfte der Garzeit wenden.
3. Während die Spieße garen, die Sriracha-Mayo zubereiten. Dafür die Zutaten in einer kleinen Schüssel miteinander verrühren.
4. Die fertig gegarten Spieße auf Teller verteilen und nach Belieben mit einem grünen Salat und der Sriracha-Mayo als Beilage reichen.

Lamm-Kofta-Spieße mit Joghurt-Minze-Dip

VORBEREITUNG: 10 Minuten **GARZEIT:** 20–25 Minuten **PORTIONEN:** 2
ZUBEHÖR: 4 Holzspieße, mindestens 30 Minuten in Wasser eingeweicht; Küchenmaschine (optional)

Diese überaus leckeren Lamm-Kofta-Spieße liefern für sich allein ein wunderbar frisches und leichtes Mahl, wenn Sie aber Appetit auf etwas Deftigeres haben, servieren Sie die Spieße mit Pommes oder Kartoffelspalten. Mögen Sie das Gericht etwas schärfer, beträufeln Sie das dazu gereichte Pita-Brot vor dem Servieren mit ein wenig Chilisoße.

500 g Lammhackfleisch
1 TL gemahlener Kreuzkümmel
1 TL gemahlene Kurkuma
½ TL Knoblauchsalz
2 EL gemahlener Koriander
1 Ei, verquirlt
Meersalz und schwarzer Pfeffer aus der Mühle

Für den Dip:
¼ Gurke, fein gewürfelt
250 ml fettfreier Joghurt
1 Handvoll frische Minzeblätter, fein gehackt
Meersalz und schwarzer Pfeffer aus der Mühle

Zum Servieren:
4 Pita-Brote
Salat nach Wahl

1. Lammhackfleisch, Gewürze und Ei in eine große Schüssel oder den Behälter der Küchenmaschine geben und großzügig mit Salz und Pfeffer würzen. Wenn eine Küchenmaschine zum Einsatz kommt, alles so lange durcharbeiten, bis sich die Zutaten gut miteinander verbunden haben. Alternativ Gewürze, Ei und Hack mit den Händen durchkneten, bis ein homogener Fleischteig entstanden ist.
2. Aus dem gewürzten Fleischteig 4 gleich große Kugeln formen. Pro Kugel 1 Spieß nehmen und das Fleisch um den Spieß herum zu länglichen Würsten zusammendrücken.
3. Die Hackfleisch-Spieße nebeneinander in den Garbehälter des Airfryers legen und bei 190 °C etwa 20–25 Minuten garen, bis das Lammhack vollständig durchgegart ist. Die Spieße nach der Hälfte der Garzeit wenden.
4. Während die Spieße garen, den Joghurt-Minze-Dip zubereiten. Dafür alle Zutaten in eine kleine Schüssel geben und gut miteinander verrühren. Den Dip abschmecken und beiseitestellen.
5. Das Pita-Brot leicht anrösten, dann die Lamm-Kofta-Spieße mit Brot, Salat und Dip servieren.

Leckere Chicken-Cheddar-Nachos

VORBEREITUNG: 5 Minuten **GARZEIT:** 10 Minuten **PORTIONEN:** 2 **ZUBEHÖR:** Große Silikonform oder hitzebeständige Keramikform, die in Ihren Airfryer passt

Diese Nachos sind eine wunderbare Möglichkeit, um Fleischreste vom Sonntagsessen zu verwerten. Sie schmecken prima mit Hähnchenfleisch, funktionieren aber auch bestens mit Resten vom Schweine- oder Rinderbraten – was auch immer gerade übrig ist! Haben Sie keine Bratenreste zur Hand, lassen Sie das Fleisch einfach weg oder befolgen Sie die Anweisungen weiter unten: Im Top-Tipp wird verraten, wie man eine rohe Hähnchenbrust schnell im Airfryer zubereitet.

100 g gesalzene Tortilla-Chips
175 g Hähnchenbrust, gegart und in dünne Streifen geschnitten
60 g Cheddar-Käse, gerieben
1 rote Chilischote, fein geschnitten
½ Avocado, in Scheiben geschnitten
1 Handvoll frischer Koriander, Blättchen abgestreift
2 EL Sauerrahm

Top-Tipp

Wenn Sie keine Hähnchenfleisch-Reste haben, die aufgebraucht werden müssen, besprühen Sie einfach eine frische Hähnchenbrust mit etwas Öl, salzen und pfeffern sie und garen sie im Airfryer bei 180 °C etwa 15–20 Minuten. Wenn das Fleisch vollständig durchgegart ist, folgen Sie den Anweisungen im Rezept.

1. Die Hälfte der Tortilla-Chips nebeneinander in nur einer Lage auf dem Boden der Silikon- oder Keramikform verteilen. Jeweils die Hälfte des Hühnerfleisches und des Käses gleichmäßig über die Chips streuen. Darauf kommt eine zweite Lage Tortilla-Chips, eine zweite Lage Fleisch und abschließend eine zweite Käseschicht.

2. Die Form in den Airfryer stellen und bei 160 °C etwa 8–10 Minuten garen, bis die Tortilla-Chips knusprig sind und der Käse eine goldgelbe Färbung angenommen hat und geschmolzen ist.

3. Das Gericht mit Chilischotenringen, Avocadoscheiben und Koriander garnieren und Sauerrahmkleckse auf der Oberfläche verteilen. Die Form mitten auf den Tisch stellen, sodass sich jeder bedienen kann.

Überbackener Auflauf mit Brokkoli, Blumenkohl und Schinken

VORBEREITUNG: 5 Minuten **GARZEIT:** 15–20 Minuten **PORTIONEN:** 2
ZUBEHÖR: Hitzebeständige Auflaufform, die in Ihren Airfryer passt

Dieser Auflauf macht sich perfekt als leckere Beilage zu einem Braten, kann aber auch gut für sich allein stehen – vielleicht mit ein wenig Knoblauchbrot als Ergänzung. Für eine vegetarische Variante lassen Sie einfach den Schinken weg.

1 kleiner Kopf Brokkoli, in kleine Röschen zerteilt
1 kleiner Kopf Blumenkohl, in kleine Röschen zerteilt
1 EL Olivenöl
Meersalz und schwarzer Pfeffer aus der Mühle
2 Scheiben Schinken, grob zerkleinert
80 g Cheddar-Käse, gerieben
1 Kugel Mozzarella, grob zerteilt
frische Petersilie zum Garnieren (optional)

1. Brokkoli- und Blumenkohlröschen auf dem Boden der Auflaufform verteilen, 1 EL Olivenöl gleichmäßig darübergeben, salzen und pfeffern. Mit den Schinkenstückchen bestreuen. Darauf kommt eine Schicht aus geriebenem Cheddar-Käse, gefolgt von den Mozzarellastücken.

2. Die Form in den Airfryer stellen und bei 160 °C etwa 15–20 Minuten garen, bis der Käse geschmolzen ist, eine goldgelbe Färbung angenommen hat und das Gemüse zart geworden ist. Den Auflauf mit Petersilie bestreuen und heiß servieren.

Garnelen mit Pil-Pil-Soße

VORBEREITUNG: 10 Minuten **GARZEIT:** 10 Minuten **PORTIONEN:** 2
ZUBEHÖR: Hitzebeständige Auflaufform, die in Ihren Airfryer passt

Diese saftig-würzigen Riesengarnelen ergeben eine fantastische Mahlzeit, wenn dazu knuspriges Brot gereicht wird, mit dem man die Soße aufnehmen kann. Im Airfryer werden die Garnelen sehr schnell gar – behalten Sie sie also gut im Auge, insbesondere wenn Ihre Garnelen nicht zu den größten gehören. Dieses Gericht eignet sich auch hervorragend als Vorspeise für vier Personen und kann blitzschnell zubereitet werden, selbst dann noch, wenn sich die Gäste Ihrer Dinnerparty schon an den Tisch setzen.

4 EL Olivenöl
200 g rohe Riesengarnelen (aufgetaut, falls TK-Ware verwendet wird)
2 rote Chilischoten, fein zerkleinert (oder mehr, wenn Sie es lieber schärfer mögen)
4 Knoblauchzehen, in Scheibchen geschnitten
1 TL Paprikapulver
Meersalz und schwarzer Pfeffer aus der Mühle

Zum Servieren:
1 Handvoll Petersilie, gehackt
knuspriges Brot

1. Das Olivenöl in die Auflaufform geben und bei 190 °C etwa 5 Minuten im Airfryer erhitzen – das Öl soll heiß sein, wenn die restlichen Zutaten in die Auflaufform kommen.

2. Während das Öl heiß wird, die Riesengarnelen in eine Schüssel geben und die zerkleinerten Chilischoten, den Knoblauch, das Paprikapulver, Salz und Pfeffer zugeben. Alles gut vermischen, damit sich die Würzzutaten mit den Garnelen verbinden können.

3. Die Riesengarnelen vorsichtig in die heiße Auflaufform geben und gründlich im Öl wenden. Etwa 5 Minuten vollständig durchgaren. Es empfiehlt sich, die Garnelen hierbei gut im Auge zu behalten, da die Garzeit von der Größe abhängt und die Garnelen weder zu kurz noch zu lange gegart werden sollten.

4. Die Form vorsichtig aus dem Airfryer nehmen – Achtung, sie ist inzwischen kochend heiß! Die Riesengarnelen mit der gehackten Petersilie bestreut servieren und dazu knuspriges Brot reichen.

Pastasoße

VORBEREITUNG: 10 Minuten **GARZEIT:** 15 Minuten **ERGIBT:** 4 Portionen
ZUBEHÖR: Hitzebeständige Auflaufform, die in Ihren Airfryer passt, sowie Mixer, Küchenmaschine oder Smoothie-Maker

Ja, Sie haben richtig gelesen – Sie können im Airfryer Ihre eigene Pastasoße zubereiten! Das ist eine weitere fantastische Möglichkeit, um im Kühlschrank schlummernde Gemüsereste aufzubrauchen. Diese Soße ist unglaublich vielseitig und lässt sich supergut einfrieren.

- 1 rote Zwiebel, in feine Ringe geschnitten
- 1 rote Paprikaschote, entkernt und fein geschnitten
- 2 Knoblauchzehen, fein gehackt
- 1 TL getrockneter Oregano
- 1 Handvoll frisches Basilikum, gehackt
- 1 Möhre, gerieben
- 2 Fleischtomaten, in Scheiben geschnitten
- 1 EL Olivenöl (optional)
- Meersalz und schwarzer Pfeffer aus der Mühle

1. Verteilen Sie zunächst die Zwiebelringe und Paprika auf dem Boden der Auflaufform. Den gehackten Knoblauch darauf verteilen und alles mit Oregano und gehacktem Basilikum bestreuen. Darauf kommen die geriebene Möhre und abschließend die in Scheiben geschnittenen Fleischtomaten. Ich träufle gern noch etwas Olivenöl auf die Oberfläche, aber dies ist nicht zwingend erforderlich.

2. Das Gemüse bei 160 °C etwa 15 Minuten im Airfryer garen. Anschließend die Form vorsichtig aus der Fritteuse nehmen und ein wenig abkühlen lassen.

3. Die Gemüsemischung in den Mixer geben und zu einer glatten Soße verarbeiten. Mögen Sie die Pastasoße ein bisschen flüssiger, geben Sie während des Mixens 1 Spritzer Wasser zu. Nach Geschmack mit Salz und Pfeffer würzen. Sie können die fertige Soße ganz nach Wunsch auf mehrere Behälter aufteilen und im Kühlschrank oder Gefriergerät aufbewahren, bis Sie sie brauchen. Die Pastasoße vor der Verwendung in einem Kochtopf auf dem Herd oder in der Mikrowelle behutsam erwärmen. Sie schmeckt hervorragend zu Pasta oder den Putenhackbällchen von Seite 107.

Putenhackbällchen

VORBEREITUNG: 10 Minuten **GARZEIT:** 12 Minuten **PORTIONEN:** 2 **ZUBEHÖR:** Backpapier

Diese supersaftigen und würzigen Hackfleischbällchen schmecken mit der Pastasoße von Seite 105 besonders lecker. Da Putenhackfleisch nur relativ wenig Fett enthält, ist es eine hervorragende Alternative zu Fleischbällchen aus Rinderhack.

250 g Putenhackfleisch
1 TL rotes Pesto
½ TL Paprikapulver
1 TL Knoblauchgranulat
1 TL Zwiebelsalz
schwarzer Pfeffer aus der Mühle
1 Handvoll frisches Basilikum, gehackt
1 Ei
120 g trockene Pasta, bei Bedarf auch mehr
½ Rezeptmenge Pastasoße (siehe Seite 105) oder eine Soße Ihrer Wahl aus dem Laden

1. Das Putenhackfleisch zusammen mit Pesto, Paprikapulver, Knoblauchgranulat und Zwiebelsalz in eine Schüssel geben. Mit Pfeffer würzen und das gehackte Basilikum zufügen. Nun das als Bindemittel wirkende Ei in die Schüssel schlagen und alle Zutaten mit den Händen zu einem homogenen Fleischteig verarbeiten. Esslöffelgroße Portionen von der Masse abstechen und zu walnussgroßen Bällchen formen.

2. Die Hackfleischbällchen auf Backpapier in den Airfryer setzen und bei 180 °C etwa 10–12 Minuten garen, dabei den Garbehälter ab und zu kurz durchrütteln, damit die Bällchen schön gleichmäßig bräunen.

3. Während die Hackfleischbällchen garen, die Pasta nach Packungsanleitung al dente kochen. Die Pastasoße entweder in der Mikrowelle oder auf dem Herd erwärmen. Die Putenhackbällchen auf der Pasta anrichten und mit der Soße übergießen.

Würzige Chickenwings

VORBEREITUNG: 10 Minuten **GARZEIT:** 15 Minuten **PORTIONEN:** 2
ZUBEHÖR: Backpapier (optional)

Diese gut gewürzten Hähnchenflügel laden zum Zugreifen ein und geben einen echten Geschmackskick! Servieren Sie sie entweder wie hier mit frischen Kräutern und Limette oder alternativ mit einem Blauschimmelkäse-Dip.

1 EL Knoblauchsalz
1 EL Paprikapulver
½ EL Sriracha
1 EL Pflanzenöl (optional)
Meersalz und schwarzer Pfeffer aus der Mühle
10 Chickenwings (Hähnchenflügel)

Zum Servieren:
1 Handvoll Korianderblättchen, gehackt
1 frische Chilischote, fein geschnitten
1 Limette, in Keile geschnitten

1. Knoblauchsalz, Paprikapulver, Sriracha und Öl (falls verwendet) in einer großen Schüssel mischen und nach Belieben Salz und Pfeffer zufügen. Die Chickenwings in die Schüssel geben und in der würzigen Marinade wenden, damit sie sich von allen Seiten damit überziehen.

2. Die Chickenwings in den Garbehälter des Airfryers legen, mit oder ohne Backpapier – ganz wie Sie möchten. Bei 180 °C etwa 15 Minuten braten, bis sie sich außen goldgelb gefärbt haben und komplett durchgegart sind. Wenn Sie nicht genau wissen, ob die Chickenwings wirklich durch sind, nehmen Sie ein digitales Fleischthermometer zu Hilfe und stechen Sie mit der Sonde in den dicksten Teil der Hähnchenflügel. Die Temperatur sollte dort mindestens bei 73 °C liegen.

3. Die Chickenwings auf einer Servierplatte anrichten und mit gehacktem Koriander und fein zerkleinerter Chilischote bestreuen. Dazu Limettenkeile zum Auspressen reichen.

Lammkoteletts mit Knoblauch und Rosmarin

VORBEREITUNG: 5 Minuten **GARZEIT:** 10 Minuten **PORTIONEN:** 2 **ZUBEHÖR:** Backpapier

Diese saftigen, nach Knoblauch und Rosmarin duftenden Lammkoteletts sind ideal für ein stilvolles Abendessen – da sie in nur 15 Minuten fertig sind, eignen sie sich auch für ein fixes Essen unter der Woche. Passen Sie die Garzeit auf Ihre bevorzugten Garstufe an.

6 Zweige frischer Rosmarin
6 Knoblauchzehen
30 g gesalzene Butter, zimmerwarm
6 Lammkoteletts
Meersalz und schwarzer Pfeffer aus der Mühle
Olivenöl zum Besprühen

1. Drei Rosmarinzweige abstreifen und Nadeln fein hacken. Die Knoblauchzehen schälen. Drei davon zerdrücken. Die restlichen Rosmarinzweige und Knoblauchzehen für die spätere Verwendung beiseitestellen. Butter, gehackten Rosmarin und zerdrückten Knoblauch in einer Schüssel gut miteinander vermengen.

2. Die Lammkoteletts auf ein Schneidbrett legen und mit Küchenpapier trocken tupfen, dann das Fleisch auf beiden Seiten großzügig mit Salz und Pfeffer würzen. Die Oberseite der Lammkoteletts gleichmäßig mit der Butter bestreichen.

3. Den Boden des Garbehälters Ihres Airfryers mit Backpapier auskleiden, dann die Lammkoteletts mit der Butterseite nach oben nebeneinander auf das Backpapier legen. Dabei darauf achten, dass sich die Koteletts nicht überlappen.

4. Die Koteletts leicht mit Öl besprühen, dann bei 200 °C etwa 5 Minuten im Airfryer garen. Die Fritteuse öffnen und die Koteletts wenden. Mithilfe eines Rosmarinzweigs die Unterseite der Koteletts mit ein wenig geschmolzener Butter bestreichen.

5. Die restlichen Knoblauchzehen halbieren und jeweils eine Hälfte auf die Lammkoteletts legen. Die Rosmarinzweige über dem Fleisch verteilen. Die Koteletts bei gleicher Temperatur weitere 5 Minuten garen, bis die von Ihnen bevorzugte Garstufe erreicht ist. Möchten Sie mit einem digitalen Fleischthermometer prüfen, ob das Fleisch durch ist, sollte die Temperatur bei »blutig/rare« 55 °C, bei »medium« 63 °C und bei »durch/well done« 71 °C betragen.

6. Die Lammkoteletts mit einer Beilage Ihrer Wahl servieren. Besonders lecker schmecken dazu die Kartoffeln von Seite 146.

Blätterteig-Wraps mit Spargel, Parmaschinken und grünem Pesto

VORBEREITUNG: 20 Minuten **GARZEIT:** 10 Minuten **PORTIONEN:** 2 **ZUBEHÖR:** Backpapier

Knuspriger goldgelber Blätterteig, köstlicher salziger Parmaschinken, frischer grüner Spargel und der Dauerfavorit Pesto machen diese Blätterteig-Wraps zur ersten Wahl bei jedem Dinner. Reichen Sie dazu einen frischen grünen Salat.

1 Packung Blätterteig
Mehl für die Arbeitsfläche
2 EL grünes Pesto
2 EL geriebener Parmesan
1 Bund grüner Spargel
4 Scheiben Parmaschinken
1 Ei, verquirlt

1. Den Blätterteig auf einer leicht bemehlten Arbeitsfläche entrollen und in 4 gleich große Quadrate schneiden.

2. Jedes Quadrat mit ½ EL Pesto bestreichen und mit etwas Parmesan bestreuen. Jeweils ein paar Spargelstangen mit 1 Scheibe Parmaschinken umwickeln und die 4 Päckchen diagonal auf die Blätterteig-Quadrate legen – die Spitzen und Enden der Spargelstangen zeigen jeweils zu den Ecken. Nun eine der freien Teigecken über den Spargel klappen und die gegenüberliegende Ecke locker darüberlegen, sodass ein oben und unten offener Blätterteig-Wrap entsteht. Mit den restlichen Wraps ebenso verfahren. Zum Schluss die sichtbaren Teigteile mit dem verquirlten Ei bestreichen.

3. Die Blätterteig-Wraps auf Backpapier in den Airfryer legen und bei 180 °C etwa 10 Minuten backen, bis der Blätterteig aufgegangen ist und sich goldgelb gefärbt hat.

Pizza

VORBEREITUNG: 5 Minuten **GARZEIT:** 8–10 Minuten **PORTIONEN:** 2 **ZUBEHÖR:** Backpapier

Ja, es stimmt – Sie können Pizza im Airfryer zubereiten! Den Teig kaufen Sie entweder fertig oder machen ihn selbst, in diesem Rezept kommt ein gekauftes Produkt zum Einsatz. Sie dürfen auch nach Herzenslust mit dem Belag experimentieren! Achten Sie aber auf jeden Fall darauf, dass die Pizza in Ihren Airfryer hineinpasst.

1 Packung Pizzateig
1 EL rotes Pesto
60 g geriebener Mozzarella
12 Scheiben Chorizo oder Peperoni-Salami
1 Handvoll Rucola zum Servieren

1. Den Pizzaboden mit Pesto bestreichen und mit geriebenem Mozzarella und Chorizo oder Peperoni-Salami belegen.
2. Die Pizza vorsichtig in den Airfryer legen – wenn Sie möchten, auf Backpapier – und bei 180 °C etwa 8–10 Minuten garen, bis der Boden durchgebacken und der Käse geschmolzen und goldgelb geworden ist.
3. Die Pizza mit 1 Handvoll frischem Rucola bestreut servieren.

Der
BORD ATLAS
REISE MOBIL INTERNATIONAL
für Ihre Hosentasche!
BORDATLAS WebApp –
für Smartphone, Tablet und PC
• Auf Knopfdruck Stellplätze in Ihrer Umgebung anzeigen
• Stellplätze nach Ort, PLZ, Namen oder sogar Stichwort suchen
• Nach Wunscheigenschaften filtern (Preis, Fahrzeuglänge, Entsorgung u.v.m.)
• Detaillierte Karten auf google maps-Basis
• Merklisten erstellen
• Bewertungen anderer Wohnmobilisten sehen
IMMER & ÜBERALL
die aktuelle BORDATLAS-Stellplatzdatenbank nutzen:
Mit 7.000 Stellplatz-Einträgen in Deutschland und Europa, überprüft und vollständig.
Alle Infos, alle Preise auf:
www.bordatlas.de/registrieren
Foto: Jamie Street, unsplash.com

REGISTER

A
Accona-Wüste 167
Agrigent 308 ff.
Agrigentum 308 f.
Akragas 308
Akropolis 305
Alba 98 f.
Albaner Berge 225, 244
Alberobello 290 f.
Albinia 179
Alghero 342 f.
Alicudi 323
Altichiero da Zevio 47
Amalfi 253, 255, 266 f.
Amalfi-Küste 264 ff.
Amalfitana 264 ff.
Amantea 275
Amphitheater Flavium 218
Amphitheater von Verona 47
Anacapri 263
Ancona 204
Äolische Inseln 322, 324 f.
Aosta 88 f.
Aostatal 12, 88 f.
Apulien 276 f., 280 f., 289 ff.
Aquacalda 323
Arcipelago di La Maddalena 328 ff.
Arco Lupiru 358
Arezzo 156 f, 164.
Arma di Taggià 103
Arona 78 f.
Asciano 167
Ascona 78
Asinara-Inseln 338 f.
Assisi 190 ff.
Athener Säulenhalle 243
Ätna 15, 306 f., 312 ff., 320 f.
Atrani 264, 269
Attila 54
Aurelianische Mauern 240

B
Baptisterium di San Giovanni 150
Barbaresco 100
Bardolino 38, 42
Bari 280 f.
Barolo 99, 100
Basilica di San Vitale 144.
Basilikata 292
Bassano del Grappa 50 f.
Bastioni Marco Polo 342
Baunei 356
Bellagio 75
Bindelweg 29
Blaue Grotte 274
Boccaccio 153, 156, 301
Bologna 134 ff.
Bolsena 208 f.
Bomarzo 37, 236 f.
Borromäische Inseln 79
Bosa 346 f.
Bourbonen 250, 253, 288
Bozen 18 f.
Brentakanal 14, 56 f.
Brera 85 f.
Brescia 42, 44f., 73, 87
Brisighella 138 f.
Brissago 79
Brunelleschi-Kuppel 150
Bucht von Naxos 318
Budelli 328
Buonconvento 167

C
Cadini di Misurina 74
Cagliari 330, 341, 352 ff.
Cala dei Gabbiani 358
Cala dell'Uzzo 303
Cala di Volpe 336
Cala Fuili 359
Cala Goloritzè 359
Cala Luna 359
Cala Oddoana 359
Cala Razza di Junco 334
Camorra 253
Campi 276
Canal Grande 56, 60 ff., 128
Capalbio 179
Capo Caccia 343
Capo di Monte 356, 359
Capo Falcone 238 f.
Capo Ortano 180
Capo Vita 180
Capraia 180, 277
Caprera 328 ff.
Capri 254, 262 f.
Caracalla-Thermen 15
Casa di Giulietta 46
Casal Borsetti 145
Casella 107
Castel del Monte 281, 290
Castel Toblino 42
Castelgandolfo 215
Castello dei Malaspina 346 f.
Castello di San Giorgio 116, 118
Castello Estense 142 f.
Castello Monaldeschi 209
Castello Sforzesco 82, 85 f.
Castello Svevo 281
Castelnuovo Berardenga 161
Castelnuovo dell' Abate 169
Castiglione del Lago 198 f.
Castor-und-Pollux-Tempel 219
Cattedrale Maria Santissima Assunta 296
Cetraro 275
Chianti 15, 160 f.
Chiesa di San Michele 342
Chióggia 65
Chiusi 164 f., 189
Cinque Terre 112 ff.
Circus 228
Cirella 275
Civita di Bagnoregio 215, 237
Cloaca Maxima 210
Colle del Moncenisio 96
Colle del Sole 188
Colle di Val d'Elsa 175
Colle Landone 188
Collegiata di San Martino 291
Comer See 12, 74 f.
Como 75
Concordia-Tempel 310
Convicino San Antonio Abate 283
Corniglia 1114 f.
Cortona 164
Cosenza 284 f.
Costa dei Cedri 272 ff.
Costa Smeralda 334 ff.
Costa Verde 348 ff.
Costiera Amalfitana 264
Crete 166 f.

D
Diamante 274 f.
Dolomiten 20 f., 28 f., 33, 74
Dom Santa Maria Assunta 156, 176, 267, 354
Dom Santa Maria Matricolare 47
Dommuseum 155

Relief an der Cattedrale di Santa Maria Assunta (Aosta). Ein Gondoliere in Venedig. Ein Ballonverkäufer vor dem Palazzo Reale von Neapel. Die Via Patriacata in Padua. Zu Besuch beim Weingut Santa Benedetta. Der Strand Monterosso al Mare in den Cinque Terre (von links nach rechts).

Donatello 54, 152 f.
Donato Bramante 153, 230
Dorf Seis 30
Dozza 138 f.
Drei Zinnen 20 f.
Duomo di Siena 162

E
Elba 15, 180 ff.
Emilia Romagna 14
Engelsbrücke 238 f.
Engelsburg 15, 212, 238
Est! Est!! Est!!! 209, 214, 236

F
Faenza 138 f.
Ferrara 14, 140 ff., 147, 242, 270
Festung Rocca aldobrandesca 187
Festung San Giacomo 183
Filicudi 322
Florenz 14, 45, 47, 143 f., 150 ff.
Fondaco dei Tedeschi 61 f.
Fontana di Trevi 213, 229
Foro 212
Forum Romanum 212, 216 ff.
Frascati 244 f.

G
Gaiole 161
Galleria dell' Accademia 153 f.
Gallípoli 278 f.
Gardasee 12, 14, 38 ff., 78, 96
Gardesana Occidentale 41
Gardesana Orientale 41
Gardone Riviera 41 f.
Gargano 276 f.
Gargano-Halbinsel 276 f.
Genua 12, 101, 106 f.
Gerace 293
Geschlechtertürme 137, 174
Ghirlandaio 153, 171, 175, 235
Giannutri 180
Giardino della Kolymbetra 311
Giardino di Daniel Spoerri 179
Giglio 15, 180, 187 f.
Ginostra 325
Giotto 14, 19, 55, 147, 150 ff.
Giuseppe Verdi 92, 122, 126 f., 300
Glockenturm von Giotto 150
Golf von Neapel 257 f., 262 f.
Golf von Policastro 272
Golf von Salerno 248
Golfo del Castellammare 302 f.
Golfo di Orosei 356 ff.
Gorgona 180
Gradara 147, 197
Grado 14, 69
Grand Hotel Vittoria 270
Greve 160 f.
Groppo 115
Grotta del Bue Marino 359
Grotta del Fico 358
Grotta di Nettuno 343
Grottenkomplex 282

H
Habsburger 68, 250, 288
Hanbury-Gärten 101
Herakles-Tempel 305
Hera-Tempel 310
Hochpustertal 20
Höhlen von Castellana Grotte 291
Höhlenkirchen Santa Maria dell'Idris 282

I
Imola 138
Insel Burano 67
Insel Murano 66
Insel San Francesco del Deserto 67
Ischia 15
Iseo 72
Iseo-See 72 f.
Isola Bella 76, 79, 319
Isola Bisentina 208
Isola Budelli 330
Isola del Garda 43
Isola di Dino 274
Isola di Razzoli 330
Isola di Santo Stefano 330
Isola Martana 208
Isola Piana 339
Isola Santa Maria 331
Isola Spargi 330

J
Johannes Fugger 214

K
Kaiserforen 212
Kalabrien 272, 275, 292 f.
Karersee 29
Kathedrale Madonna della Bruna 283
Kirche San Giorgio Maggiore 61
Kleiner Lagazuoi 29
Klippen von Pizzomunno 277
Kloster Monte Oliveto Maggiore 167
Kloster Santa Maria delle Grazie 85
Kolosseum 212, 216 ff.
Konstantinsbogen 212

L
La Maddalena 328 ff.,
La Morra 100
La Pelosa 338 f.
La Spezia 115
Laghetto 104
Lago di Bolsena 208 f.
Lago Maggiore 12, 74, 76 ff.
Lago Trasimeno 198 f.
Langhe 98 ff.
Lario 74 f.
Latium 214 f., 236 f.
Lecce 288 f.
Lecco 74 f.
Lérici 111
Lido di Classe 145
Lido di Dante 145
Lido di Savio 145
Lido di Venezia 64 f.
Limone 41 ff.
Linguaglossa 315
Lipari 323 f.
Liscia di Vacca 334, 337
Lo Zingaro 302 f.
Locarno 76, 78
Locorotondo 15, 290 f.
Lombardei 12, 82
Lóvere 72 f.
Lucca 14, 164, 170 f.
Lugana 38
Lugano 80 f.
Lugano-See 80

M
Mailand 82 ff.
Maiori 264, 269
Malcesine 41
Manacore 276
Manarola 114 f.

REGISTER

Manfredonia 277
Mantua 12, 116 ff.
Maranello 14, 178 ff.
Marciana 180, 183
Maremma 15, 169, 178 f.
Marina di Campo 184 f.
Marinella di Selinunte 304 f.
Markusplatz 58, 62, 67
Maróstica 48 f.
Matera 282 f.
Mattinata 277
Mausoleo di Galla Placidia 144
Mélide 80 f.
Meran 22 f.
Mercato Vucciria 301
Messners Mountain Museum 19
Minori 264, 269
Modena 14, 128 ff.
Mondello 301
Mont Malamot 96
Montagnola 81
Montalcino 15, 168 f.
Monte Altissimo di Nago 96
Monte Argentario 179, 187
Monte Baldo 41
Monte Calvo 276
Monte Capanne 180, 184 f.
Monte Curcio 293
Monte Oliveto Maggiore 166 f.
Monte Pellegrino 301, 320
Monte Pollino 292
Monte San Michele 266
Monte Subasio 190, 193
Montecristo 180
Montefiascone 209, 214, 236
Monteroni d'Arbia 166
Monterosso al Mare 114
Monterozzi 236
Monti dell' Uccellina 179 f.
Monti di Mola 334
Monti Lattari 264, 270
Monti Sartorius 315
Morcote 80
Museo Nazionale Giuseppe Verdi 126 f.

N
Naturschutzgebiet Alberoni 64 f.
Neapel 250 ff., 254
Nicolosi 312, 314
Nonántola 131
Nórcia 15, 202
Novello 100

O
Oristano 340
Orvieto 200 f.
Osini Vecchio 333
Ostuni 291
Ötztal 19, 26

P
Padua 54 ff.
Paestum 248 f., 255
Palazzi Rolli 106 f.
Palazzina dei Mulini 183 f.
Palazzo D'Albis 343
Palazzo del Governo 47, 289
Palazzo del Podestà 118, 175
Palazzo Labia 61
Palazzo Maffei 47
Palazzo Tè 12, 116, 119
Palazzo Vecchio 153
Palazzo Vendramin 61
Palazzo Venier dei Leoni 63
Palermo 296 ff., 320
Panarea 322, 325
Pantàlica 307
Pantheon 152, 182, 212, 219, 221, 233
Pantheon-Rundtempel 212
Paradiso 80
Parco dell'Etna 315
Parco Nazionale del Pollino 292
Parma 14, 122 ff.
Parmigianino 122, 125
Passeiertal 22
Pellestrina 64 f.
Perugia 15, 188 f., 199
Perugino 188 f., 203, 234 f.
Peschici 276
Peschiera Maraglio 73
Petersdom 230, 233
Piano Provenzana 314 f.
Pianosa 180
Piazza Navona 15, 213, 228
Piemont 12, 90 ff.
Pietà Rondanini 85
Pioemonteser Alpen 97
Piombino 180
Pisa 14, 106, 150, 176 f.
Pisano 152, 163176 f., 188
Pompeji 254, 256 f.
Populonia 165
Pordoijoch 28 f.
Porto Empedocle 308, 311
Porto Ercole 186
Porto Madonna 331
Porto Santo Stefano 187
Portoferraio 180, 183 ff.
Portofino 110
Portovénere 115
Positano 255, 263, 266 f.
Praia a Mare 274
Praiano 254 f., 268
Prima Stanza Tiburtina 242
Prissian 35
Provinz Asti 99
Provinz Basilicata 282
Provinz Grosseto 179
Pugnochiuso 277
Punta Campanella 255
Punta dei Ripalti 180
Punta Nera 180, 185
Punta Santa Litterata 275

R
Radda 161
Rapolano Terme 167
Ravello Festival 255, 268
Ravello 255, 266 ff.
Ravenna 14, 144 f., 221
Rende 285
Resorthotel Sant'Angelo 283
Rialto 62
Rialto-Brücke 62
Riccardo Cotaralla 215
Riccione 147
Richard Wagner 61, 75, 255, 266, 268
Rifugio Citelli 315
Rifugio Sapienza 314
Rimini 14, 139, 146 f.
Riomaggiore 114 f.
Riva 41, 96
Rocca Maggiore 190
Rom 15, 210 ff., 214 f.
Roncole 122, 126
Roselle 179 f.

S
Sabiner Berge 229
Salerno 248

Pasticceria am Gardasee. In den Hanbury-Gärten in Ventimiglia. Limoncello-Verkäuferin auf Capri. Mittelalter-Parade in Orvieto. Käse auf dem Markt in Alba. Obststand in Vernazza, Ligurien (von links nach rechts).

Salina 322
Salò 41f.
San Bartolo 324
San Felice 277
San Feliciano 199
San Gimignano 15, 172 ff.
San Giovanni Battista 98, 114 f., 283
San Giovanni d' Asso 167
San Giovanni Rotondo 277
San Marco 58, 63, 154
San Marino 205
San Nicola Arcella 274
San Nicola dei Greci 283
San Pantaleo 337
San Remo 102 f.
San Terenzo 111
San Vincenzo 324
Sankt Peter 212, 230
Sant'Agata dei due Golfi 255
Sant'Antimo 186 f.
Sant'Antonio 64 f.
Santa Lucia alle Malve 283
Santa Maria del Cedro 272
Santa Maria del Fiore 150, 155
Santa Maria 330 ff.
Sardinien 332 f., 337, 340 f., 347, 348, 351
Sassi 282
Säulen der Limonaien 43
Scala 84, 124, 126 f.
Scalea 274
Schlern 30 ff.
Schlernhäuser 33
Schloss Juval 27
Schloss Katzenzungen 35
Schloss Trauttmansdorff 34 f.
Schnalstal 26 f.
Sciacca 304 f.
Sciara del Fuoco 324
Seiser Alm 30 ff.
Selinunt 304 f.
Senigallia 203
Serra Dolcedorme 292
Serralunga d' Alba 100
Sieben Weltwunder 238
Siena 14, 160, 162 f.
Sipontum 277
Sixtinische Kapelle 213, 234 f.
Sizilien 298 f., 302 f., 306 f., 320 f.
Smaragdküste 334 ff.
Sorrent 245 f., 267, 269
Sorrento 15, 264, 270 f.
Spanische Treppe 15, 213, 235
Spiaggia di Piscinas 348
Spiaggia La Pelosa 338
Spiaggia Rosa 330
Stintino 338 f.
Strand von Scivu 351
Stresa 78 f.
Stromboli 324 f.
Südtirol 18 f., 30 ff., 34 f.

T
Taormina 318 ff.
Tarquinia 236 f.
Tempel B 305
Tempel C 305
Tempel E 304
Termini 255
Tessin 76, 81
Testa del Gargano 276
Tiber 210, 213, 264
Tiepoli 57
Tiepolo 61
Tivoli 240 ff.
Toirano 104
Torbole 41
Torgiano 189
Torre della Pelosa 339
Torre delle Ore 171
Torre di San Giacomo 343
Torre di San Giovanni 343
Torre Grossa 172, 175
Torre Guinigi 171
Torre Porta a Terra 343
Trajansmärkte 212
Trastevere 222 ff.
Tremiti-Inseln 277
Trentino 42
Triest 14, 68
Triestiner Kaffeehäuser 68
Trulli-Bauten 290
Trulli-Kirche Sant'Antonio 291
Turin 46, 90 ff.
Tuscania 236 f.

U
Ulassai 333
Università della Calabria 285
Urbino 15, 196 f.

V
Vajolettal 29
Val Cannobina 78
Val d'Elsa 160 f., 172, 175
Val Ferret 89
Val Grande 78
Valle del Bove 315
Vatikanische Museen 230 ff.
Venedig 14, 56 ff.
Venetien 14, 41, 214
Veneto 12, 14
Ventimiglia 101
Verbania 76, 78
Vernagt-Stausee 26
Vernazza 114
Verona 14, 41 f., 46 f.
Vesuv 256, 258f
Vetulonia 164, 178 f.
Via Appia Antica 243
Via Claudia Augusta 46
Via Francigena 169, 174 f., 209
Via Gallia 46
Via Tiburtina 240
Vicenza 14, 52 f.
Vieste 276 f.
Vietri sul Mare 255, 264, 266, 268 f.
Villa Adriana 243
Villa Aldobrandini 244
Villa d'Este 242
Villa di San Martino 183
Villa Gregoriana 243
Villa Jovis 263
Villa la Pergola 324
Villa Napoleonica di San Martino 184
Villa Rufolo 255, 268
Villa Schuler 319
Villa von Oplontis 258
Vinschgau 26
Viterbo 236
Volastra 115
Volterra 164 f., 174, 183
Vulcano 259, 322 f.

W
Wagner-Museum 61

Z
Zàgara 277
Zermatt 20
Zeus-Tempel 310 f.

Die Autoren

Andrea Behrmann lernte in Cagliari ihren Mann und Teampartner kennen, mit dem sie über Jahre die schönsten und ausgefallensten Ecken Sardiniens und der Welt bereiste.

Eugen E. Hüsler hat bisher über 100 Reiseführer, Wander- und Klettersteigführer sowie Bildbände veröffentlicht, davon über 50 Titel bei Bruckmann. Seit vier Jahrzehnten ist er unterwegs in den Alpen, gerne auch abseits der Renommierziele.

Dagmar Kluthe veröffentlicht als freie Journalistin in Vogue, Vanity Fair und großen Tageszeitungen. Ihre Schwerpunktthemen sind Reise und zeitgenössische Kunst. Mehr unter: www.dagmarkluthe.de

Julia Landgrebe, 1981 in München geboren, arbeitete nach ihrem Studium der Theater- und Kommunikationswissenschaft sowie Italianistik in München und Florenz in diversen Kultureinrichtungen und Redaktionen, unter anderem im Deutschen Museum in München und am Kunsthistorischen Institut in Florenz. Aktuell ist sie als Projektleiterin bei Kulturveranstaltungen und in der PR tätig. Ihre große Leidenschaft sind Italien, das weite Meer und die Bergwelt.

Julia Lorenzer hat Kunstgeschichte, Geschichte und Religionswissenschaft studiert. Heute arbeitet sie als freie Autorin und Lektorin.

Hans Günther Meurer lebt als freier Reisejournalist bei Hamburg und arbeitet für Buch- und Zeitschriftenverlage. Er liebt nicht nur den Norden, sondern auch Frankreich und die Region um den Gardasee.

Thomas Migge ist Politologe und Historiker. Er ist Autor zahlreicher Bildbände und kennt Venetien, die Toskana, das Friaul und Rom wie seine Westentasche. Thomas Migge lebt seit über 15 Jahren als Auslandskorrespondent in Rom.

Michael Moll ist selbstständiger Reisebuchautor und zertifizierter Wanderführer. Er reist seit zwei Jahrzehnten mit dem Wohnmobil durch Europa. Neben der Veröffentlichung von Wohnmobilreiseführern und Artikeln in bekannten Wohnmobilzeitschriften veranstaltet er auch gut besuchte Reisevorträge und Fotoausstellungen.

Nana Claudia Nenzel hat für namhafte Tageszeitungen wie Süddeutsche, Frankfurter Rundschau und Der Tagesspiegel Reisereportagen verfasst, die sie immer wieder nach Italien führten. Über Italien hat sie auch mehrere Reisebücher geschrieben, speziell über die Toskana und über Oberitalien. Für ihre Verdienste um die Verbreitung der italienischen Kultur in Deutschland erhielt sie 1998 in Rom vom italienischen Staatspräsidenten Scalfaro eine hohe Ehrung.

Herbert Taschler, gebürtig im Südtiroler Pustertal und seit über zwei Jahrzehnten in Kaltern und Eppan zu Hause, bereist seit Jahren die italienische Halbinsel von Norden nach Süden und beobachtet vor allem die Wein- und Gastronomieszene sehr aufmerksam.

Thomas Winzker ist Fotograf und Autor. Seine Schwerpunkte liegen auf den Gebieten Reise, Kultur und Kulinarik. Er wirkte bereits bei mehreren Buchprojekten des Bruckmann-Verlags mit.

Die Fotografen

Udo Bernhart arbeitet seit mehr als 35 Jahren als freier Fotograf und Fotojournalist. Im Vinschgau aufgewachsen und der Südtiroler Landschaft eng verbunden, führten ihn Aufträge in die ganze Welt: Seine Aufnahmen sind in deutschen und internationalen Magazinen erschienen. Er hat zahlreiche Fotoreportagen und mehr als 100 Bildbände veröffentlicht. Mehr unter: www.udobernhart.de

Manfred Kostner lebt mit seiner Familie in Percha bei Bruneck, mit Blick auf die Dolomiten. Die sind auch sein liebstes Bergrevier, das er wandernd, auf Klettersteigen und Klettertouren erkundet. Stets mit dabei ist seine Kamera.

Mirko Milovanovic studierte Fotodesign in Dortmund und arbeitet seit 1993 als freier Fotograf vor allem für Werbung, Reise, Theater- und Tanzprojekte. Er veröffentlicht in diversen Zeitschriften und Verlagen. Seine Arbeiten sind unter www.milografie.de zu sehen.

Paolo Succu arbeitet als freiberuflicher Fotograf auf Sardinien. Auf seinen Reisen über die Insel und quer über den Globus entstehen Reportagen, die sich Land, Menschen und Bräuchen widmen. Für seine Arbeiten ist er mehrmals ausgezeichnet worden, u.a. mit dem Premio Nuraghe d'Oro.

Textnachweis

Andrea Behrmann: Kap. 27, 75, 101-109, Thema S. 340/341
Eugen E. Hüsler: Kap. 1–7, 22, 23, Thema S. 96/97
Dagmar Kluthe: Kap. 92-100, Thema S. 320/321
Julia Landgrebe: Kap. 62, 63, 65, 84
Julia Lorenzer: Kap. 55, 76, 79-81, 88, 91
Hans Günther Meurer: Kap. 8-10
Thomas Migge: Kap. 12-14, 17-19, 26, 30, 31, 72, 78, Thema S. 214/215
Michael Moll: Einleitung, Kapitel 1–109 (Stell- und Campingplätze)
Nana Claudia Nenzel: Kap. 8-10 (Aktualisierungen und Top-Erlebnisse), 11, 15, 16, 20, 21, 24, 25, 28, 29, 32-43, 56-61, 64, 77, 82, 83, Themen S. 48/49, 104/105, 126/127, 278/279
Herbert Taschler: Kap. 44-54, Thema S. 164/165
Thomas Winzker: Kap. 66-71, 73, 74, 85-87, 89, 90

Bildnachweis

Alle Abbildungen im Innenteil stammen von der Bildagentur Look (www.look-foto.de), München, bis auf:
L. Adamache: 167 o.;
Udo Bernhart: 4 o.l., 5 o.l., 5 o.m., 6 o.r., 13 (2), 14, 16, 36/37, 38 o., 40, 41 o., 42 o., 43 (2), 44 u., 46 o., 47 o., 54 u., 57 (2), 58 (u.), 59, 60, 61 (2), 62 u., 63 o., 71 u., 72 o., 73 o., 88 o., 117, 118 (2), 119 o., 161 o., 175 u., 177 (2), 179 (2), 184 o., 285 u., 294/295, 295 (2), 297 (2), 298, 300 o., 301 (2), 304 u., 305 o., 308, 309, 310 o., 311 o., 314 u., 315 u., 318, 319 (2), 322 u., 325 (2);
Bildagentur Huber/Sandra Raccanello: 39;
Eugen Hüsler: 17 r.o.; Manfred Kostner: 19 u., 20 (2), 22, 23 u., 24/25, 26 u., 27 (2), 30, 31 (2), 32 o., 33 o., 34 u., 35 (2);
mauritius images: Alamy: 274 u.; Alberto Masnovo: 119 u.; gualtiero boffi/Alamy: 273; John Warburton-Lee: 274 o.;
Mirco Milovanovic: 206/207, 207 o., 207 u., 210 u., 211, 212 u., 213 (2), 216 o., 217, 218, 219 (2), 220 (2), 221 (2), 222 u., 223 (2), 224 (2), 225 o., 228 o., 229 o., 230 u., 231 (2), 232 o., 233 (2), 234, 235 (2), 238 o., 239 o., 240 u., 241, 242 o., 242 u., 243 o.; Paolo Succu: 90 u., 91 (2), 92 (2), 93 (2), 244 o., 245 (2), 326/327, 327 u., 328 u., 329 u., 330 (2), 331 (2), 334 o., 335, 336 (2), 337 o., 339 (2), 342 o., 343 u., 346 u., 347 (2), 348, 349 (2), 350 (2), 351 o., 352, 353 (2), 354 (2), 355 o., 356, 357, 358, 359 o.;
Shutterstock: 4 o.m. (oksana.perkins), 7 o.m. (RoMiEg), 15 (Camper Magazine), 17 u. (oksana.perkins), 19 o. (Gabriel.F), 21 o. (Anna Jedynak), 32 u. (Rasica), 37 o. (MNStudio), 41 u. (Vitaly Titov), 42 u. (REDMASON), 45 o. & u. (R. Sedmakova), 47 u. (C. Divizia), 62 o. (P. Rogat), 69 o. & 173 u. (canada-stock), 73 u. (m.bonotto), 77 u. (Olgysha), 79 o. (Michael Kaercher), 87 u. (Cenz07), 89 u. (Kate Krav-Rude), 94/95 (C. Divizia), 99 u. (R. Glinsky), 100 (pixelshop), 103 u. (K. Vladimir), 107 o. (genoapixel), 116 o. (A. Masnovo), 121 o. (Alvaro German Vilela), 122 u. (irynal), 132/133 (GoneWithTheWind), 141 u. (Smiltena), 142 u. (Riccardofe), 145 o. (G. Liguori), 147 o. (igra.design), 148/149 (Fabio Lamanna), 171 u. (eFesenko), 173 o. (L. Rosa), 178 u. & 180 o. (StevanZZ), 182 (V. Thoermer), 183 (kompasstudio), 188 o. (ermess), 197 o. (O. Kostenko), 197 u. (nikolpetr), 243 u. (P. Radacsi), 249 o. (Alextype), 249 u. (I. Miszczak), 258 u. (Zyankarlo), 260/261 (S-F), 266 (Boris-B), 270 (F. Cortes), 275 o. (domeniconardozza), 284 & 285 o. & 303 u. (mRGB), 292 (D. D´Amico), 293 o. (vitaprague), 293 u. (N. Macheda), 296 u. (I. Buriak), 299 o. & 299 u. (Tupungato), 300 u. (I. Smuk), 302 (barmalini), 303 o. (Gandolfo Cannaletta), 305 u. (A. Giampiccolo), 312 (N. Paklina), 313 o. (loneroc), 313 u. (M. Zieba), 314 o. (zlikovec), 316/317 (I. nifosi), 323 u. (Enki Photo), 324 o. (bikemp), 327 o. (Roman Babkin), 329 o. (eFesenko), 338 u. (M. Kastelic), 343 o. (Guidi), 359 u. (Ember); Thomas Winzker: 7 o.l., 12, 276, 277 (2), 280, 281 (2), 282, 283 o., 283 u., 288, 289 (2), 290, 291 (2).

Impressum

Verantwortlich: Kerstin Thiele
Redaktion: Linde Wiesner/Christian Schneider
Layout: VerlagsService Gaby Herbrecht/
Eva-Maria Klaffenböck
Repro: LUDWIG:media
Kartografie: Heidi Schmalfuß, Huber Kartographie
Herstellung: Bettina Schippel
Printed in Slovenia by Florjancic

Sind Sie mit diesem Titel zufrieden? Dann würden wir uns über Ihre Weiterempfehlung freuen.
Erzählen Sie es im Freundeskreis, berichten Sie Ihrem Buchhändler, oder bewerten Sie bei Onlinekauf.
Und wenn Sie Kritik, Korrekturen, Aktualisierungen haben, freuen wir uns über Ihre Nachricht an Bruckmann Verlag, Postfach 400209, D-80702 München oder per E-Mail an lektorat@verlagshaus.de.

Unser komplettes Programm finden Sie unter

www.bruckmann.de

Alle Angaben dieses Werkes wurden von den Autoren sorgfältig recherchiert und auf den neuesten Stand gebracht sowie vom Verlag geprüft. Für die Richtigkeit der Angaben kann jedoch keine Haftung übernommen werden, weshalb die Nutzung auf eigene Gefahr erfolgt. Sollte dieses Werk Links auf Webseiten Dritter enthalten, so machen wir uns die Inhalte nicht zu eigen und übernehmen für die Inhalte keine Haftung.

In diesem Buch wird aus Gründen der besseren Lesbarkeit das generische Maskulinum verwendet. Weibliche und anderweitige Geschlechteridentitäten werden dabei ausdrücklich mitgemeint, soweit es für die Aussage erforderlich ist.

Empfehlung der Redaktion
Sie sind auf der Suche nach weiterführender Literatur? Dann empfehlen wir Ihnen den Titel »Secret Citys Italien« von Thomas Migge.

Umschlagvorderseite: Wohnmobil mit Blick auf San Gimignano, Toskana (mauritius images/Stefano Patema)
Umschlagrückseite: Campingplatz Gardasee, (shutterstock/Silvia.Cozzi)
Seite 1: Blick auf Comer See (mauritius images/Bruno Kickner)
Seite 2/3: Turin

Die Deutsche Nationalbibliothek verzeichnet diese Publikation in der Deutschen Nationalbibliografie; detaillierte bibliografische Daten sind im Internet über http://dnb.d-nb.de abrufbar.

ISBN 9978-3-7343-2514-4